公安执法实用手册系列丛书

上海公安学院科研基金资助项目

公安涉外案件办理实用手册

周　建　奚敏敏　编著

中国人民公安大学出版社
群众出版社
·北　京·

图书在版编目（CIP）数据

公安涉外案件办理实用手册 / 周建，奚敏敏编著．—北京：中国人民公安大学出版社，2018.4

ISBN 978－7－5653－3291－3

Ⅰ.①公…　Ⅱ.①周…②奚…　Ⅲ.①公安机关—涉外案件—处理—中国—手册　Ⅳ.①D922.135－62

中国版本图书馆 CIP 数据核字（2018）第 094282 号

公安涉外案件办理实用手册

周　建　奚敏敏　编著

出版发行：中国人民公安大学出版社
地　　址：北京市西城区木樨地南里
邮政编码：100038
印　　刷：北京市泰锐印刷有限责任公司

版　　次：2018 年 5 月第 1 版
印　　次：2020 年 6 月第 3 次
印　　张：4
开　　本：880 毫米×1230 毫米　1/32
字　　数：82 千字

书　　号：ISBN 978－7－5653－3291－3
定　　价：26.00 元

网　　址：www.cppsup.com.cn　　www.porclub.com.cn
电子邮箱：zbs@cppsup.com　　zbs@cppsu.edu.cn

营销中心电话：010－83903254
读者服务部电话（门市）：010－83903257
警官读者俱乐部电话（网购、邮购）：010－83903253
教材分社电话：010－83903259

作者简介

周　建，上海公安学院法制教研室副主任，讲师，中级教官，副调研员。曾长年任职于上海市公安局法制办公室，对公安执法工作有丰富的实务经验和深入的理论研究。教学研究方向为行政法与行政诉讼法、刑法、刑民互涉法律问题等。

奚敏敏，上海市公安局警务保障部涉案财物管理科副科长，上海公安学院兼职中级教官。曾任职于上海市公安局出入境管理局，对涉外、出入境刑事与行政案件办理，公检法涉案财物执法、管理、处理以及信息系统研发等有长期研究和丰富经验。

前 言
Preface

坚持全面依法治国，是新时代坚持和发展中国特色社会主义的基本方略之一。随着依法治国方略的全面深入推进，公安执法的规范化程度越来越高，公安执法的专业化要求也越来越细。我们在日常走访调研及与执法一线民警的沟通中发现，基层实战部门及一线民警的执法素养，尤其是运用法治理念、法治思维解决工作难题的能力，与法律规范的完备程度并不完全成正相关。当前，公安各业务条线对规范执法都极为重视，条线执法规范也较为完备，但所谓“上面千条线，下面一根针”，具体到基层科所队的每一名民警，往往只知本执法条线的规范，对其他相关条线的规范知之甚少，于是就导致面对需要综合运用或者跨条线运用法律规范的执法工作时，一些民警不知道如何作为，进而推诿或者干脆不作为。因此，在建设智慧公安、再造警务流程的当下，面对纷繁芜杂的公安实战，亟需给予基层民警有法律规范、有操作步骤、有应用指导的工作指引。

作为一所面向实战、服务实战的公安院校，我们积极响应公安基层一线的需求，组织公安院校、实战单位的专家和业务骨干开展专项攻坚。《公安涉外案件办理实用手册》就是专项攻坚的成果之一。有别于以往专注于纵向对某一个或某一类执法领域的研究，本手册以执法任务为导向，对公安执法工作“横切一刀”，选取公安涉外案件办理这一横跨行政执法和刑事司法两大执法领域的典型执法任务。纵观全手册，我们紧紧围绕涉外案件办理过程中的“人、案、物”三要素，通过证照、文书式样展示，帮助民警较快把握识别违法外国人主体身份的要旨；通过对法律法规及规章的分层梳理、分类汇编，进一步明晰办理涉外案件需要掌握的特殊执法依据；通过25个流程示意图，详细揭示涉外刑事、行政案件办理的执法脉络和重点环节。

在本手册编写中，我们力求紧贴一线实战，突出规范化、标准化、流程化。因此，本手册具有较强的实战性、实用性、操作性，既是办理涉外案件的操作指南，又是对公安涉外理论和实务的知识拓展；既有助于破除一线执法民警对涉外案件的神秘感、畏惧感，又有助于进一步规范涉外案件办理执法程序、提高涉外案件办理质量；既可作为公安机关基层民警，尤其是“全科”执法民警的涉外案件办理执法操作手册，又可作为公安机关新进民警的执法培训教材，还可作为公安院校学员学习涉外执法的入门读物。在本手册出版前夕，党和国家决定组建国家移民管理局，将出入境管理、边防检查职责整合，由公安部管理，涉外执法进入了新时代。希望本手册的出版能为新时代涉外执法提供有益的探索和参考。

需要说明的是，《公安涉外案件办理实用手册》系上海公安学院院级重点科研项目15xkx42“公安涉外案（事）件办理操作研究”的研究成果。感谢上海市公安局警务保障部张异、单兆国、王沁苗、邓琼，上海市公安局出入境管理局张君、应幼鸽、胡罡、张煜，上海市公安局法制总队金黎钢、戴磊，上海公安学院基础教研部李群、徐毅、戴希律、田君臣、崔伟，上海公安学院科研中心王良、叶民锋、刘孝云、陆文芳，上海市公安局浦东分局朱雪珍、姜仁彬、蒋培青，上海市公安局徐汇分局袁平，上海市公安局杨浦分局陈挺，上海市公安局宝山分局韩敏，上海市徐汇区人民检察院丁子瑶等领导、同事对本手册编写给予的关心、指导。同时要感谢中国人民公安大学出版社的支持，使本手册得以顺利出版。

由于知识和能力的局限，本手册编写难免有不当、遗漏、疏忽甚至错误之处，衷心欢迎广大公安民警、专家学者批评指正。

周建　奚敏敏

2018年3月

目　录
Contents

第一部分　涉外案件办理流程示意图　/ 1

第一部分　涉外案件办理流程示意图

一、涉外案件管辖示意图

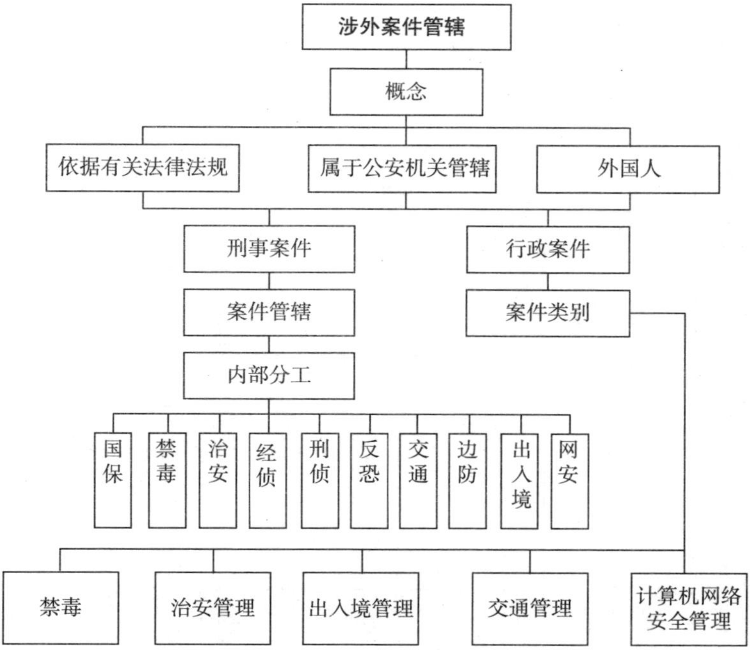

二、刑事案件和行政案件证据种类示意图

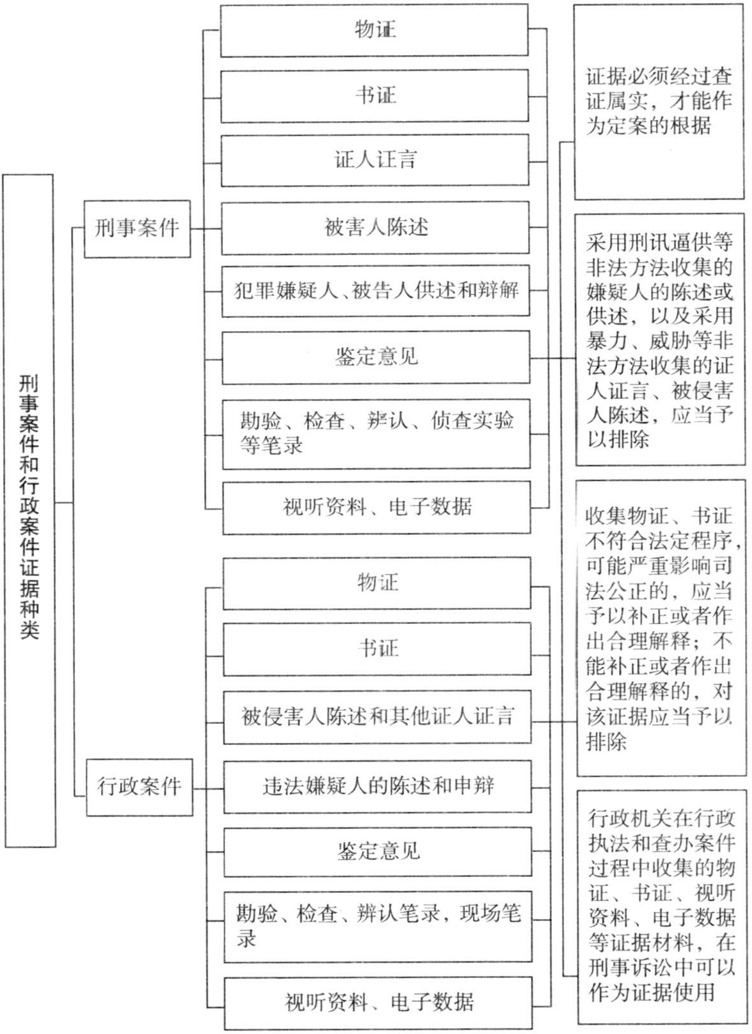

三、刑事案件办理流程示意图

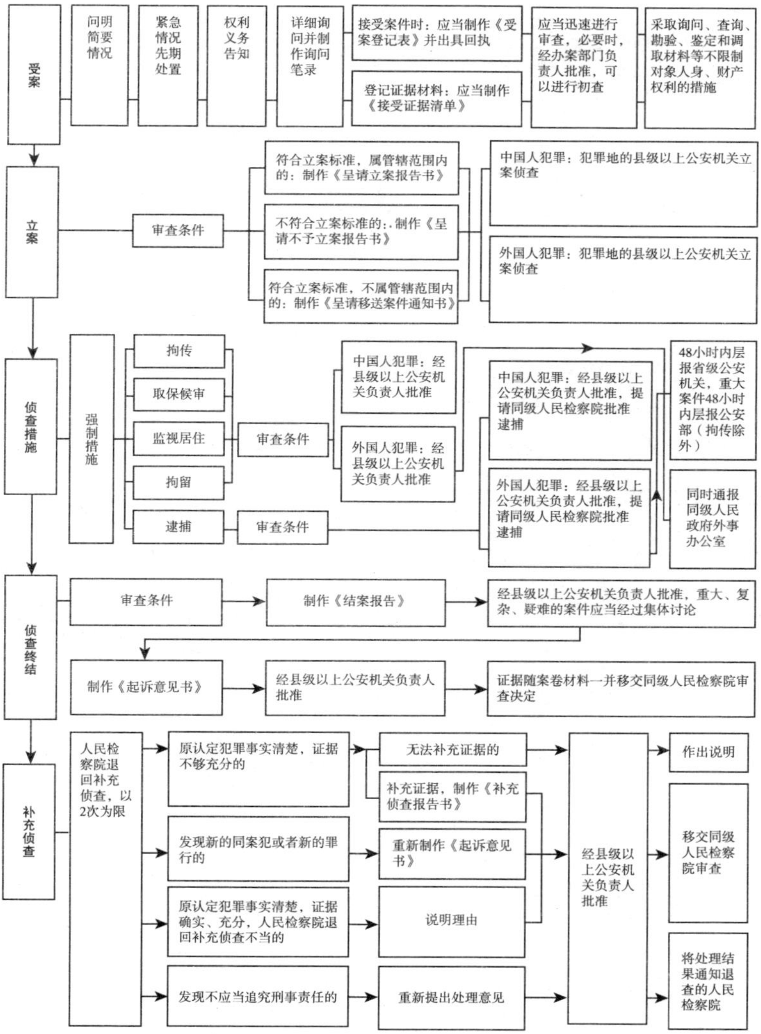

四、外国人犯罪案件办理基本流程示意图

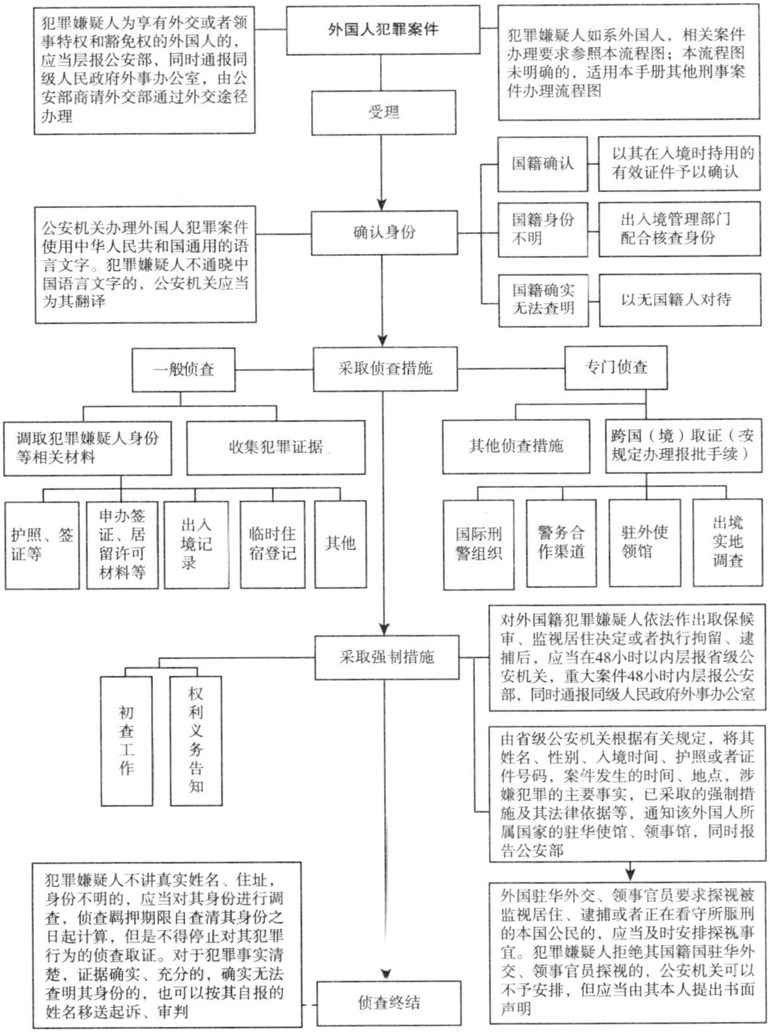

五、外国人犯罪案件管辖示意图

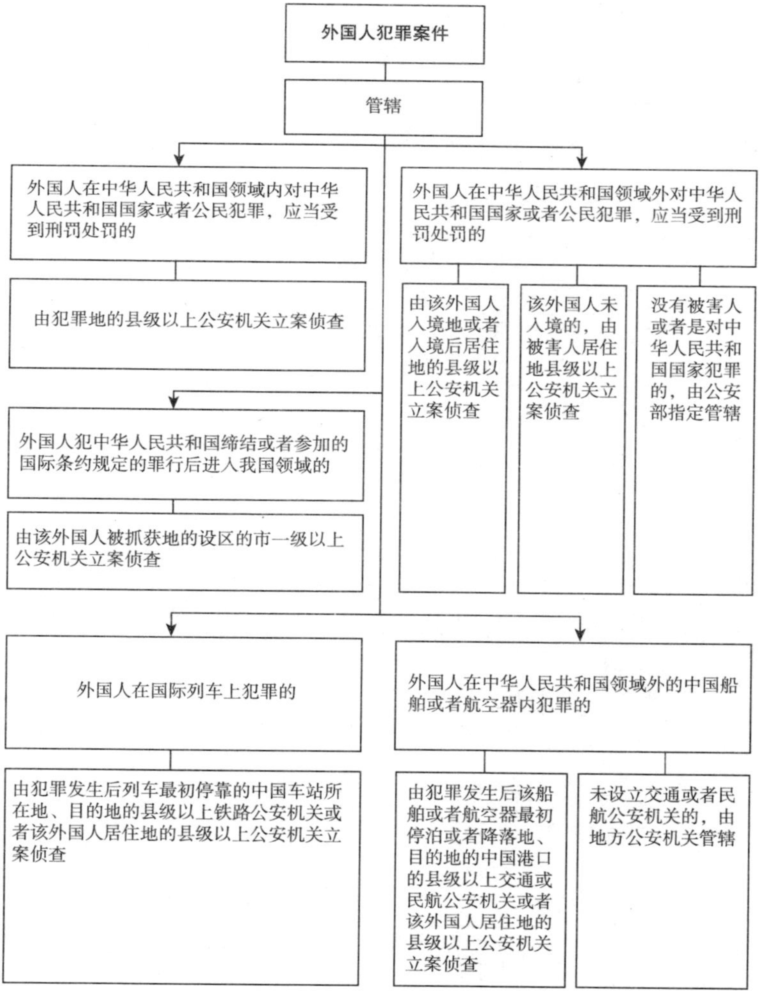

六、拘传办理流程示意图

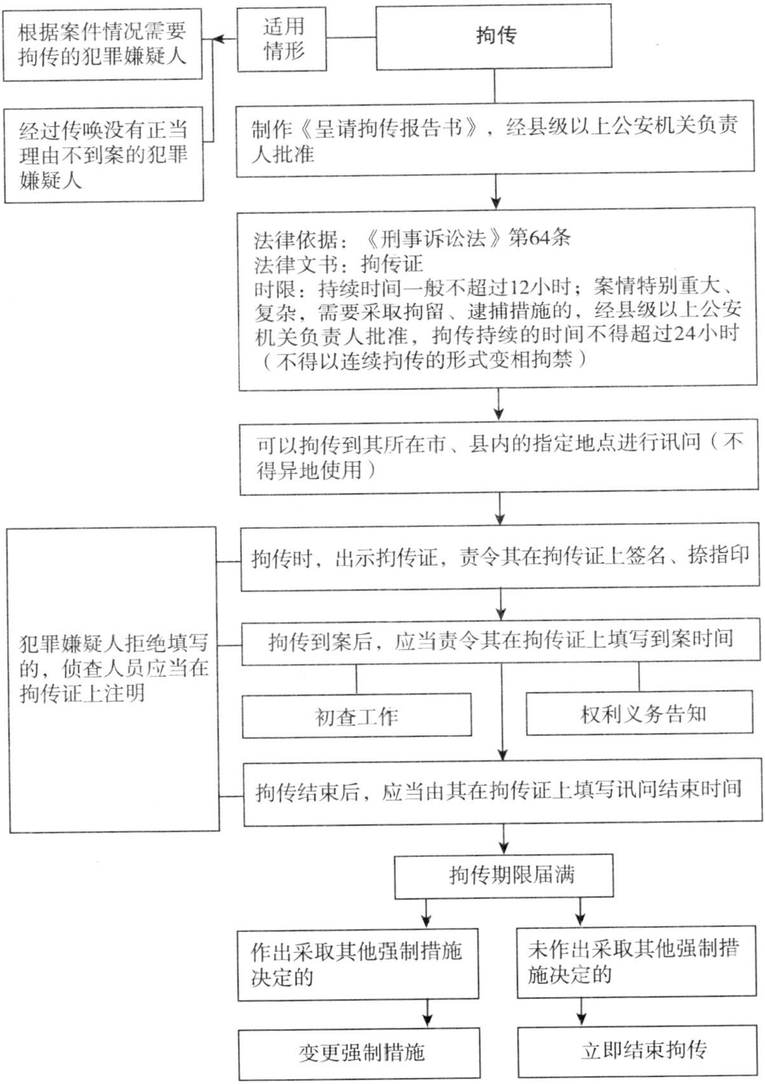
拘传
适用情形
根据案件情况需要拘传的犯罪嫌疑人
经过传唤没有正当理由不到案的犯罪嫌疑人
制作《呈请拘传报告书》，经县级以上公安机关负责人批准
法律依据：《刑事诉讼法》第64条
法律文书：拘传证
时限：持续时间一般不超过12小时；案情特别重大、复杂，需要采取拘留、逮捕措施的，经县级以上公安机关负责人批准，拘传持续的时间不得超过24小时（不得以连续拘传的形式变相拘禁）
可以拘传到其所在市、县内的指定地点进行讯问（不得异地使用）
拘传时，出示拘传证，责令其在拘传证上签名、捺指印
拘传到案后，应当责令其在拘传证上填写到案时间
初查工作
权利义务告知
拘传结束后，应当由其在拘传证上填写讯问结束时间
犯罪嫌疑人拒绝填写的，侦查人员应当在拘传证上注明
拘传期限届满
作出采取其他强制措施决定的
未作出采取其他强制措施决定的
变更强制措施
立即结束拘传

七、刑事拘留办理流程示意图

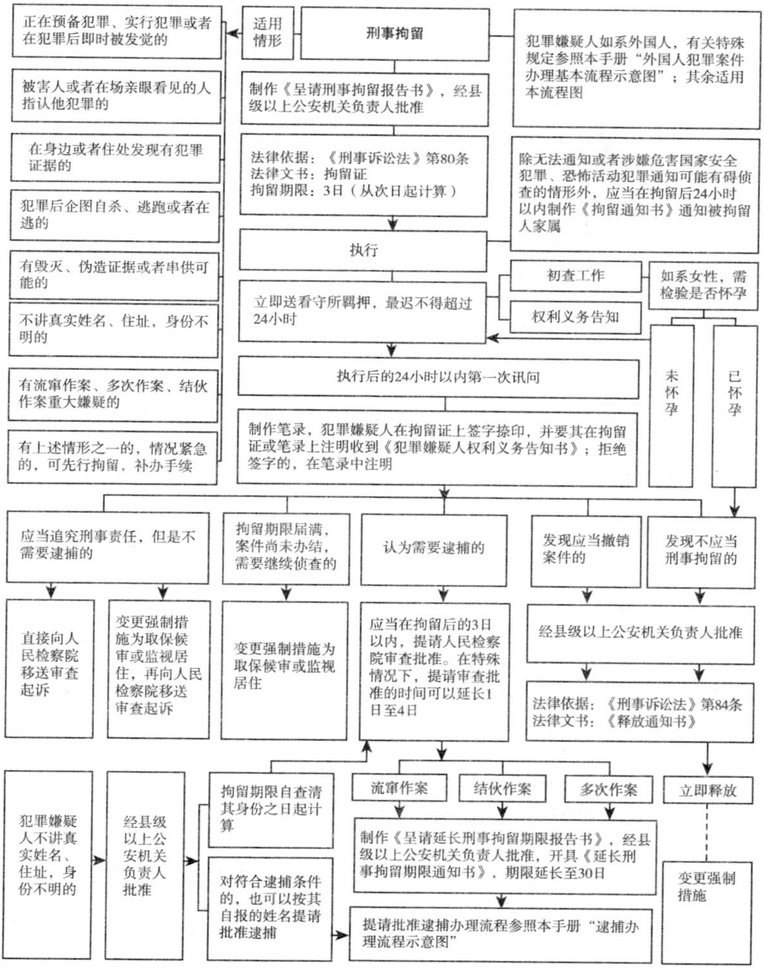

八、逮捕办理流程示意图

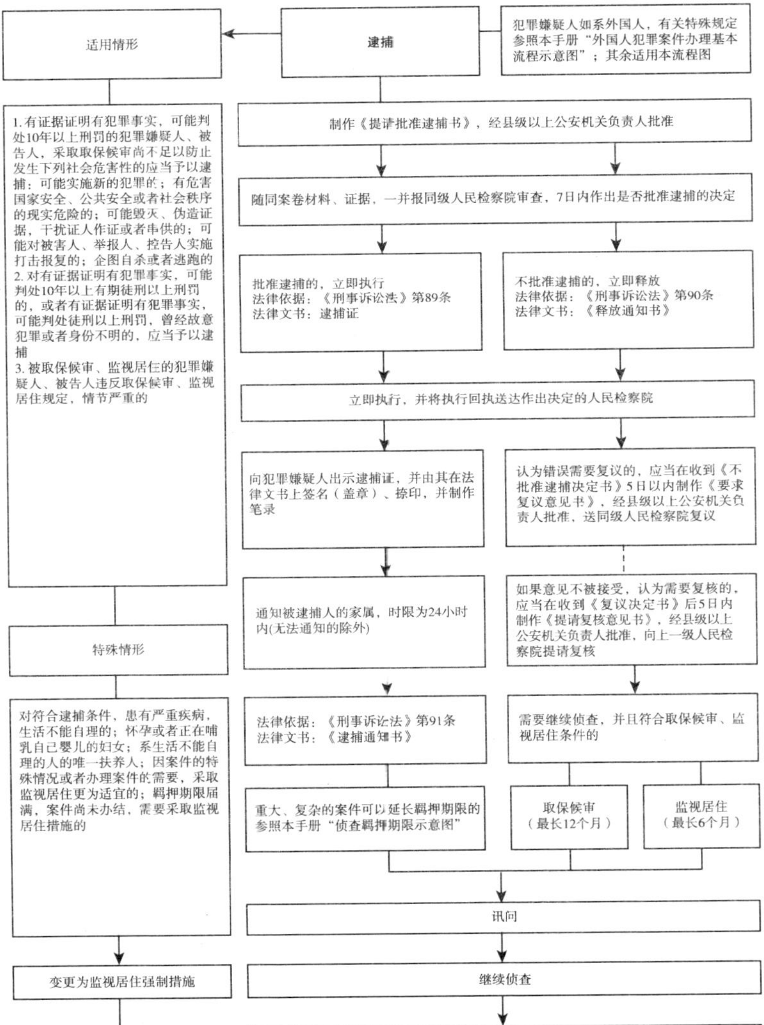
适用情形
逮捕
犯罪嫌疑人如系外国人，有关特殊规定参照本手册“外国人犯罪案件办理基本流程示意图”；其余适用本流程图
1.有证据证明有犯罪事实，可能判处10年以上刑罚的犯罪嫌疑人、被告人，采取取保候审尚不足以防止发生下列社会危害性的应当予以逮捕：可能实施新的犯罪的；有危害国家安全、公共安全或者社会秩序的现实危险的；可能毁灭、伪造证据，干扰证人作证或者串供的；可能对被害人、举报人、控告人实施打击报复的；企图自杀或者逃跑的
2.对有证据证明有犯罪事实，可能判处10年以上有期徒刑以上刑罚的，或者有证据证明有犯罪事实，可能判处徒刑以上刑罚，曾经故意犯罪或者身份不明的，应当予以逮捕
3.被取保候审、监视居住的犯罪嫌疑人、被告人违反取保候审、监视居住规定，情节严重的
特殊情形
对符合逮捕条件，患有严重疾病，生活不能自理的；怀孕或者正在哺乳自己婴儿的妇女；系生活不能自理的人的唯一扶养人；因案件的特殊情况或者办理案件的需要，采取监视居住更为适宜的；羁押期限届满，案件尚未办结，需要采取监视居住措施的
变更为监视居住强制措施
制作《提请批准逮捕书》，经县级以上公安机关负责人批准
随同案卷材料、证据，一并报同级人民检察院审查，7日内作出是否批准逮捕的决定
批准逮捕的，立即执行
法律依据：《刑事诉讼法》第89条
法律文书：逮捕证
不批准逮捕的，立即释放
法律依据：《刑事诉讼法》第90条
法律文书：《释放通知书》
立即执行，并将执行回执送达作出决定的人民检察院
向犯罪嫌疑人出示逮捕证，并由其在法律文书上签名（盖章）、捺印，并制作笔录
认为错误需要复议的，应当在收到《不批准逮捕决定书》5日以内制作《要求复议意见书》，经县级以上公安机关负责人批准，送同级人民检察院复议
通知被逮捕人的家属，时限为24小时内(无法通知的除外)
如果意见不被接受，认为需要复核的，应当在收到《复议决定书》后5日内制作《提请复核意见书》，经县级以上公安机关负责人批准，向上一级人民检察院提请复核
法律依据：《刑事诉讼法》第91条
法律文书：《逮捕通知书》
需要继续侦查，并且符合取保候审、监视居住条件的
重大、复杂的案件可以延长羁押期限的参照本手册“侦查羁押期限示意图”
取保候审（最长12个月）
监视居住（最长6个月）
讯问
继续侦查
移交检察院审查起诉

九、侦查羁押期限示意图

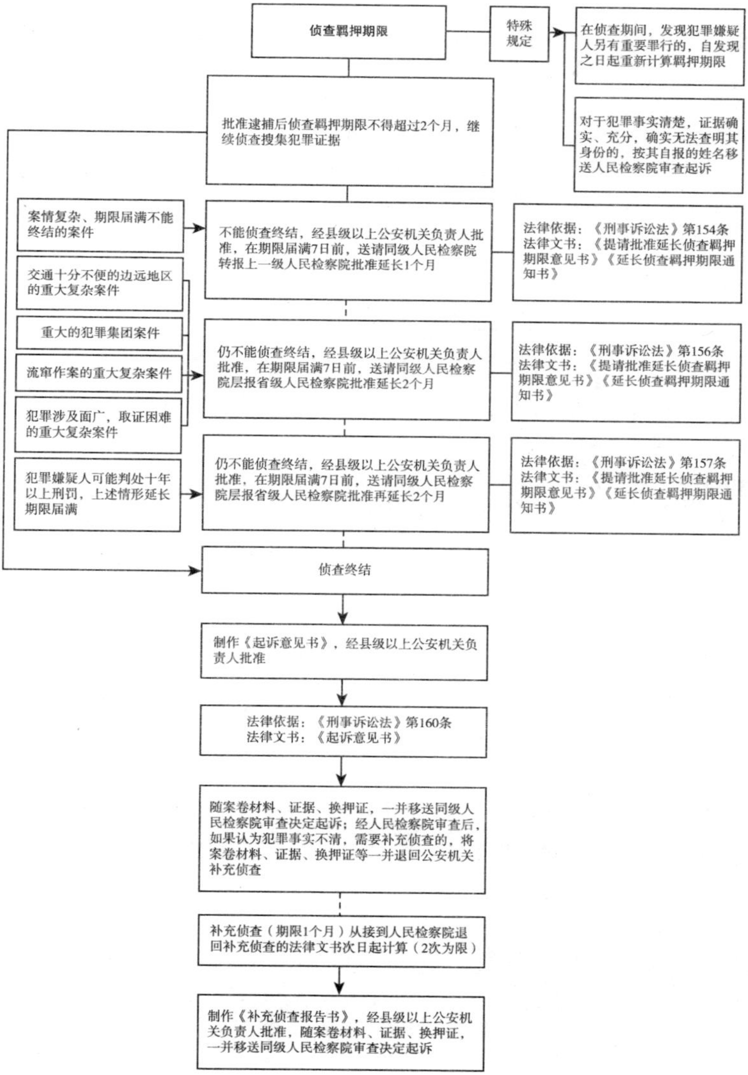
侦查羁押期限
特殊规定
在侦查期间，发现犯罪嫌疑人另有重要罪行的，自发现之日起重新计算羁押期限
对于犯罪事实清楚，证据确实、充分，确实无法查明其身份的，按其自报的姓名移送人民检察院审查起诉
批准逮捕后侦查羁押期限不得超过2个月，继续侦查搜集犯罪证据
案情复杂、期限届满不能终结的案件
不能侦查终结，经县级以上公安机关负责人批准，在期限届满7日前，送请同级人民检察院转报上一级人民检察院批准延长1个月
法律依据：《刑事诉讼法》第154条
法律文书：《提请批准延长侦查羁押期限意见书》《延长侦查羁押期限通知书》
交通十分不便的边远地区的重大复杂案件
重大的犯罪集团案件
流窜作案的重大复杂案件
犯罪涉及面广，取证困难的重大复杂案件
仍不能侦查终结，经县级以上公安机关负责人批准，在期限届满7日前，送请同级人民检察院层报省级人民检察院批准延长2个月
法律依据：《刑事诉讼法》第156条
法律文书：《提请批准延长侦查羁押期限意见书》《延长侦查羁押期限通知书》
犯罪嫌疑人可能判处十年以上刑罚，上述情形延长期限届满
仍不能侦查终结，经县级以上公安机关负责人批准，在期限届满7日前，送请同级人民检察院层报省级人民检察院批准再延长2个月
法律依据：《刑事诉讼法》第157条
法律文书：《提请批准延长侦查羁押期限意见书》《延长侦查羁押期限通知书》
侦查终结
制作《起诉意见书》，经县级以上公安机关负责人批准
法律依据：《刑事诉讼法》第160条
法律文书：《起诉意见书》
随案卷材料、证据、换押证，一并移送同级人民检察院审查决定起诉；经人民检察院审查后，如果认为犯罪事实不清，需要补充侦查的，将案卷材料、证据、换押证等一并退回公安机关补充侦查
补充侦查（期限1个月）从接到人民检察院退回补充侦查的法律文书次日起计算（2次为限）
制作《补充侦查报告书》，经县级以上公安机关负责人批准，随案卷材料、证据、换押证，一并移送同级人民检察院审查决定起诉

十、取保候审办理流程示意图

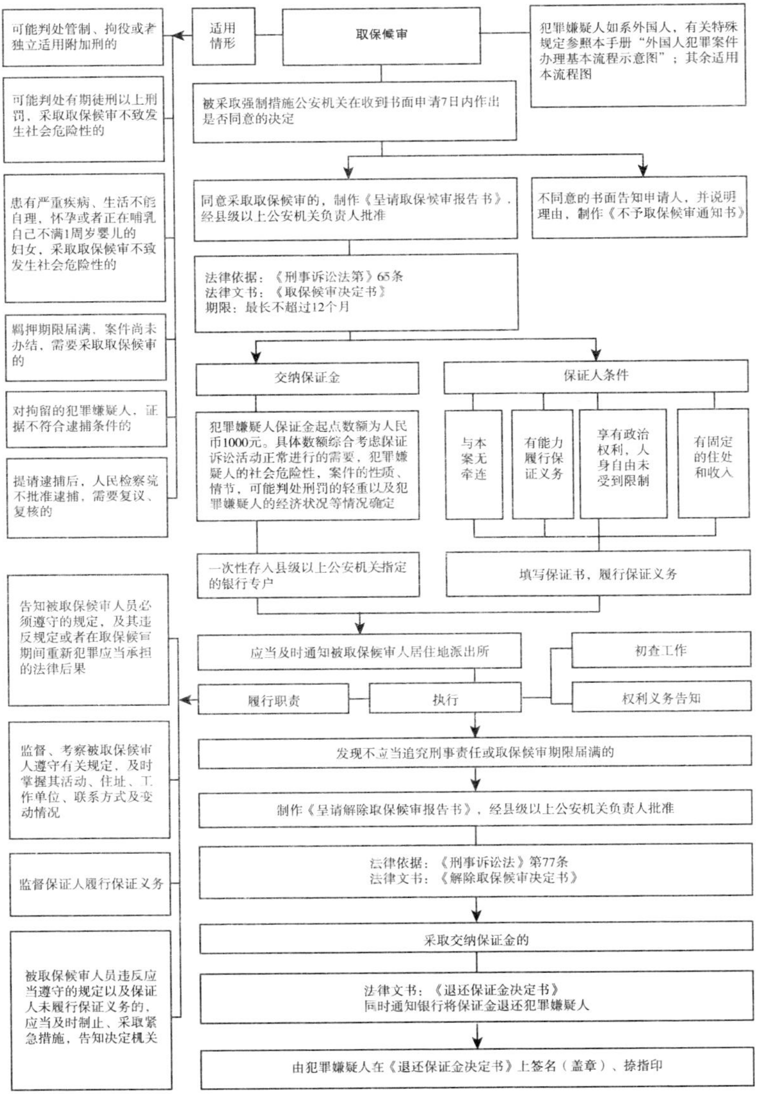

十一、对违反取保候审规定处理流程示意图

十二、监视居住办理流程示意图

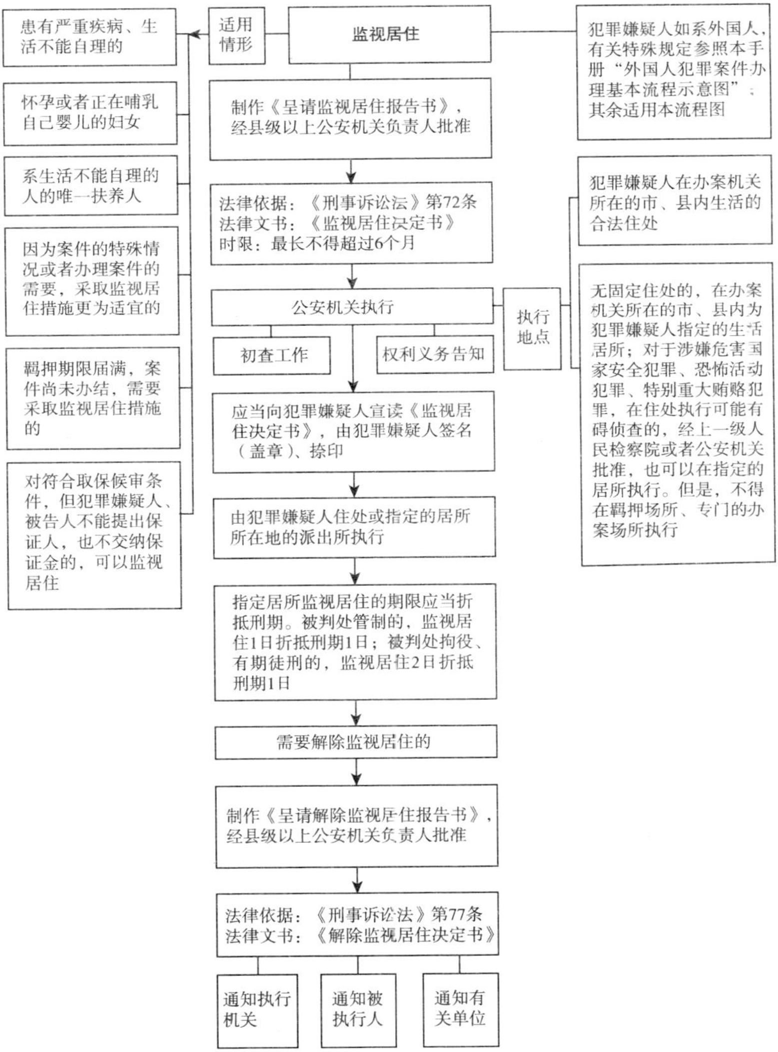

十三、对违反监视居住规定处理流程示意图

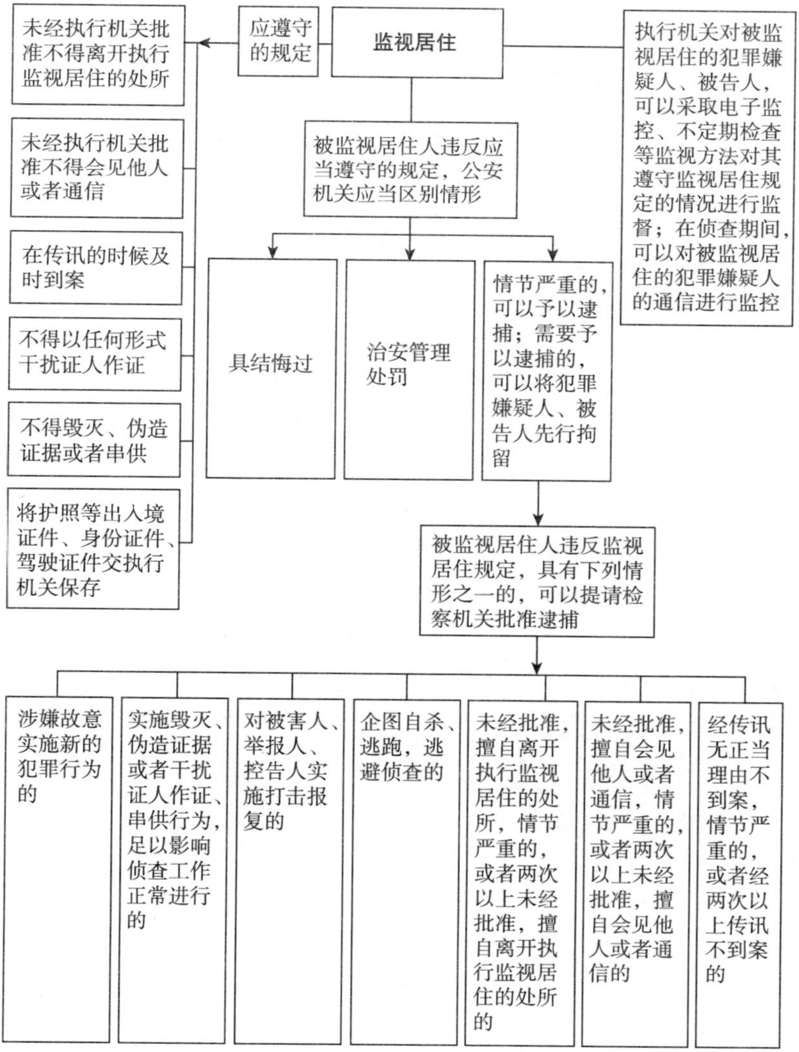

十四、刑事调取示意图

刑事调取

概念	在刑事诉讼过程中，公安机关、检察机关为了查明案件情况，在发现某单位或者个人持有与案件有关物证、书证或者视听资料以后，依照法定程序，要求单位或者个人向侦查机关提供相应的物证、书证或者视听资料的活动过程
条件	1.公安机关必须依照法定程序，收集能够证实犯罪嫌疑人有罪或者无罪、犯罪情节轻重的各种证据 2.必须保证一切与案件有关或者了解案情的公民，有客观地充分地提供证据的条件；除特殊情况外，可以吸收他们协助调查
法律依据	《刑事诉讼法》第52条、《公安机关办理刑事案件程序规定》第57条至第63条
批准	公安机关向有关单位和个人调取证据，应当经办案部门负责人批准，开具《调取证据通知书》
实施	1.执行主体：办案人员 2. 告知：公安机关向有关单位和个人收集、调取证据时，应当告知其必须如实提供证据。对涉及国家秘密、商业秘密、个人隐私的证据，应当保密。对于伪造证据、隐匿证据或者毁灭证据的，应当追究其法律责任
注意事项	1. 被调取单位、个人应当在通知书上盖章或者签名，拒绝盖章或者签名的，公安机关应当注明。必要时，应当采用录音或者录像等方式固定证据内容及取证过程 2. 公安机关接受或者依法调取的行政机关在行政执法和查办案件过程中收集的物证、书证、视听资料、电子数据、检验报告、鉴定意见、勘验笔录、检查笔录等证据材料，可以作为证据使用 3. 收集、调取的物证应当是原物。只有在原物不便搬运、不易保存或者依法应当由有关部门保管、处理或者依法应当返还时，才可以拍摄或者制作足以反映原物外形或者内容的照片、录像或者复制品 4.物证的照片、录像或者复制品经与原物核查无误或者经鉴定证明为真实的，或者以其他方式能证明其真实的，可以作为证据使用。原物的照片、录像或者复制品，不能反映原物的外形和特征的，不能作为证据使用 5. 收集调取的书证应当是原件。只有在取得原件确有困难时才可以使用副本或者复制件。书证的副本、复制件，经与原件核实无误或者经鉴定证明为真实的，可以作为证据使用。书证有更改或者更改迹象不能作出合理解释的，或者书证的副本、复制件不能反映原件及其内容的，不能作为证据使用 6. 物证的照片、录像或者复制品，书证的副本、复制件，视听资料、电子数据的复制件，应当附有关制作过程及原件、原物存放处的文字说明，并由制作人和物品持有人或者物品持有单位有关人员签名

十五、刑事扣押示意图

刑事扣押

概念	公安机关为防止案件当事人处分、转移财产而对涉案财产采取的扣留、保管的强制措施
条件	在侦查活动中发现的可以用以证明犯罪嫌疑人有罪或者无罪的各种财物、文件，应当查封、扣押；与案件无关的财物、文件，不得查封、扣押
法律依据	《刑事诉讼法》第139条、《公安机关办理刑事案件程序规定》第220条至230条
批准	1.在侦查过程中需要扣押财物、文件的，应当经办案部门负责人批准，制作《扣押决定书》 2.在现场勘查或者搜查中需要扣押财物、文件的，由现场指挥人员决定；但扣押财物、文件价值较高或者可能影响正常生产经营的，应当经县级以上公安机关负责人批准，制作《扣押决定书》
实施	1. 执行主体：侦查人员不得少于2人 2. 出示法律文书清单 3. 应当制作《扣押笔录》，由侦查人员、持有人和见证人签名（无法确定持有人或者持有人拒绝签名的，侦查人员应当在笔录中注明） 4. 应当会同在场见证人和被扣押、财物、文件的持有人查点清楚，当场开列《扣押清单》一式三份，写明财物或者文件的名称、编号、数量、特征及其来源等，由侦查人员、持有人和见证人签名，一份交给持有人，一份交给公安机关保管人员，一份附卷备查（无法确定持有人的财物、文件或者持有人拒绝签名的，侦查人员应当在清单中注明）
注意事项	对扣押的财物及其孳息、文件，公安机关应当妥善保管，以供核查。任何单位和个人不得使用、调换、损毁或者自行处理。对容易腐烂变质及其他不易保管的财物，可以根据具体情况，经县级以上公安机关负责人批准，在拍照或者录像后委托有关部门变卖、拍卖，变卖、拍卖的价款暂予保存，待诉讼终结后一并处理。对违禁品，应当依照国家有关规定处理；对于需要作为证据使用的，应当在诉讼终结后处理
解除	对扣押的财物、文件、邮件、电子邮件、电报，经查明确实与案件无关的，应当在3日以内解除扣押，退还原主或者原邮电部门、网络服务单位；原主不明确的，应当采取公告方式告知原主认领
	对被害人的合法财产及其孳息权属明确无争议，并且涉嫌犯罪事实已经查证属实的，应当在登记、拍照或者录像、估价后及时返还，并在案卷中注明返还的理由，将原物照片、清单和被害人的领取手续存卷备查
	查找不到被害人，或者通知被害人后，无人领取的，应当将财产及其孳息随案移送

十六、刑事冻结示意图

刑事冻结

概念	公安机关、人民检察院依法限制财产所有人将财产转让、设置抵押、办理过户等手续的强制措施
条件	公安机关根据侦查犯罪的需要，可以依照规定查询、冻结犯罪嫌疑人的存款、汇款、债券、股票、基金份额等财产，并可以要求有关单位和个人配合
法律依据	《刑事诉讼法》第142条、《公安机关办理刑事案件程序规定》第231条至237条
批准	需要冻结犯罪嫌疑人在金融机构等单位的存款、汇款、债券、股票、基金份额等财产的，应当经县级以上公安机关负责人批准，制作《协助冻结财产通知书》，通知金融机构等单位执行
注意事项	1. 犯罪嫌疑人的存款、汇款、债券、股票、基金份额等财产已被冻结的，不得重复冻结，但可以轮候冻结 2. 冻结存款、汇款等财产的期限为6个月。冻结债券、股票、基金份额等证券的期限为2年。有特殊原因需要延长期限的，公安机关应当在冻结期限届满前办理继续冻结手续。每次续冻存款、汇款等财产的期限最长不超过6个月；每次续冻债券、股票、基金份额等证券的期限最长不得超过2年。继续冻结的，应当重新办理冻结手续。逾期不办理继续冻结手续的，视为自动解除冻结 3. 对冻结的债券、股票、基金份额等财产，应当告知当事人或者其法定代理人、委托代理人有权申请出售。权利人书面申请出售被冻结的债券、股票、基金份额等财产，不损害国家利益，被害人、其他权利人利益，不影响诉讼正常进行的，以及冻结的汇票、本票、支票的有效期即将届满的，经县级以上公安机关负责人批准，可以依法出售或者变现，所得价款应当继续冻结在其对应的银行账户中；没有对应的银行账户的，所得价款由公安机关在银行指定的专门账户保管，并及时告知当事人或者其近亲属
解除	不需要继续冻结犯罪嫌疑人存款、汇款、债券、股票、基金份额等财产时，应当经县级以上公安机关负责人批准，制作《协助解除冻结财产通知书》，通知金融机构等单位执行
	对冻结的存款、汇款、债券、股票、基金份额等财产，经查明确实与案件无关的，应当在3日以内通知金融机构等单位解除冻结，并通知被冻结存款、汇款、债券、股票、基金份额等财产的所有人

十七、行政案件办理流程示意图

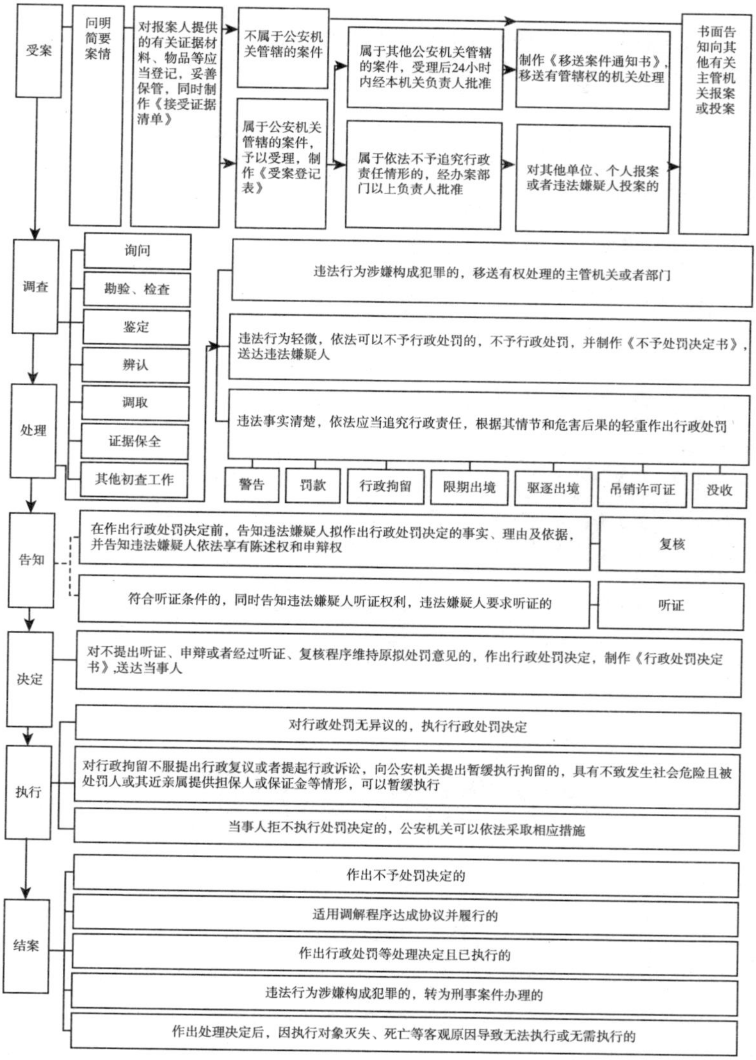

十八、行政处罚简易程序办理流程示意图

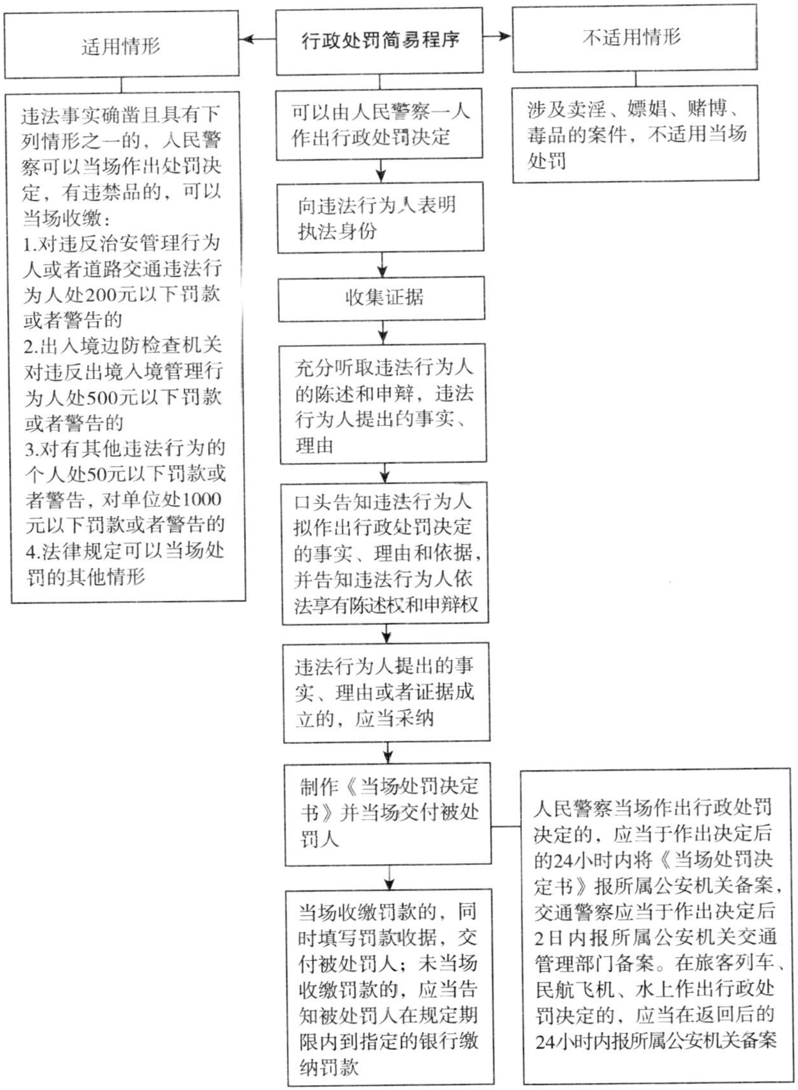

十九、涉外行政案件办理基本流程示意图

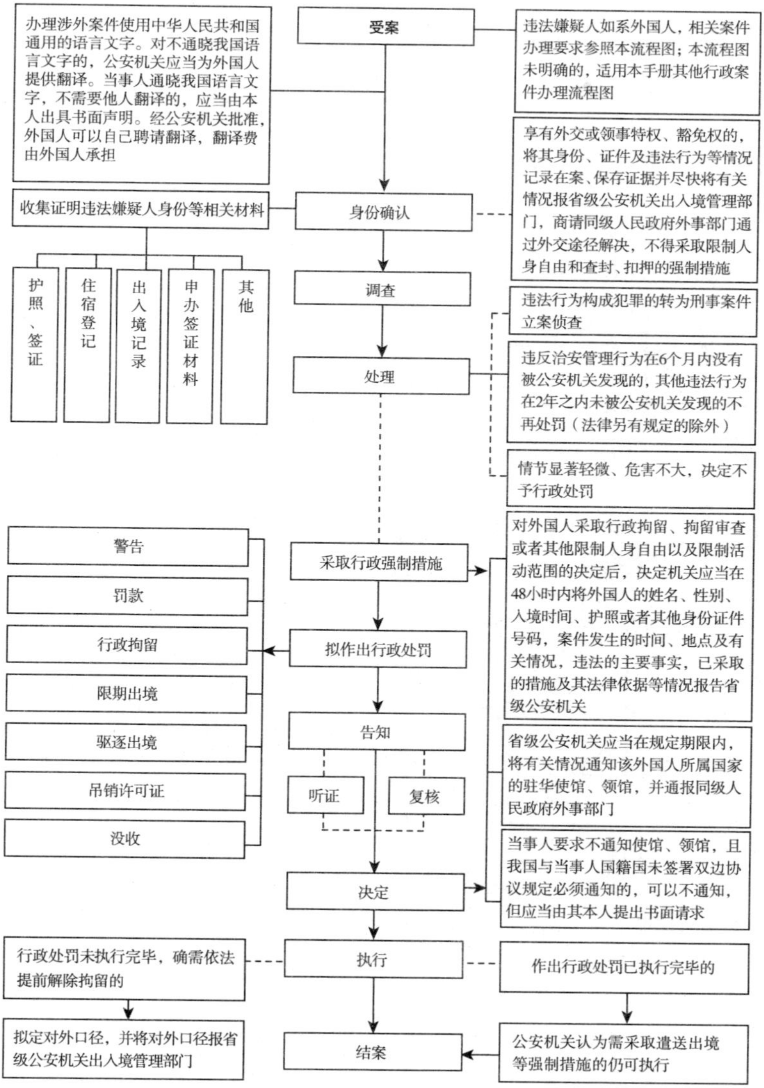

二十、涉外行政强制措施和行政处罚种类示意图

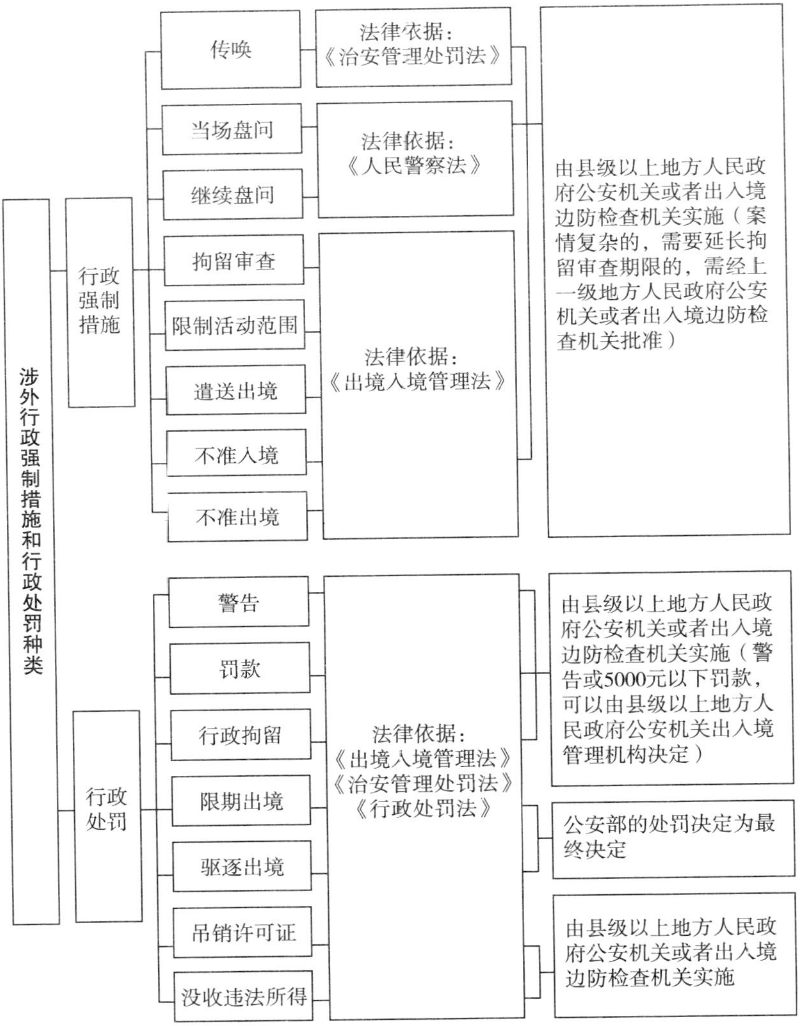

二十一、拘留审查办理流程示意图

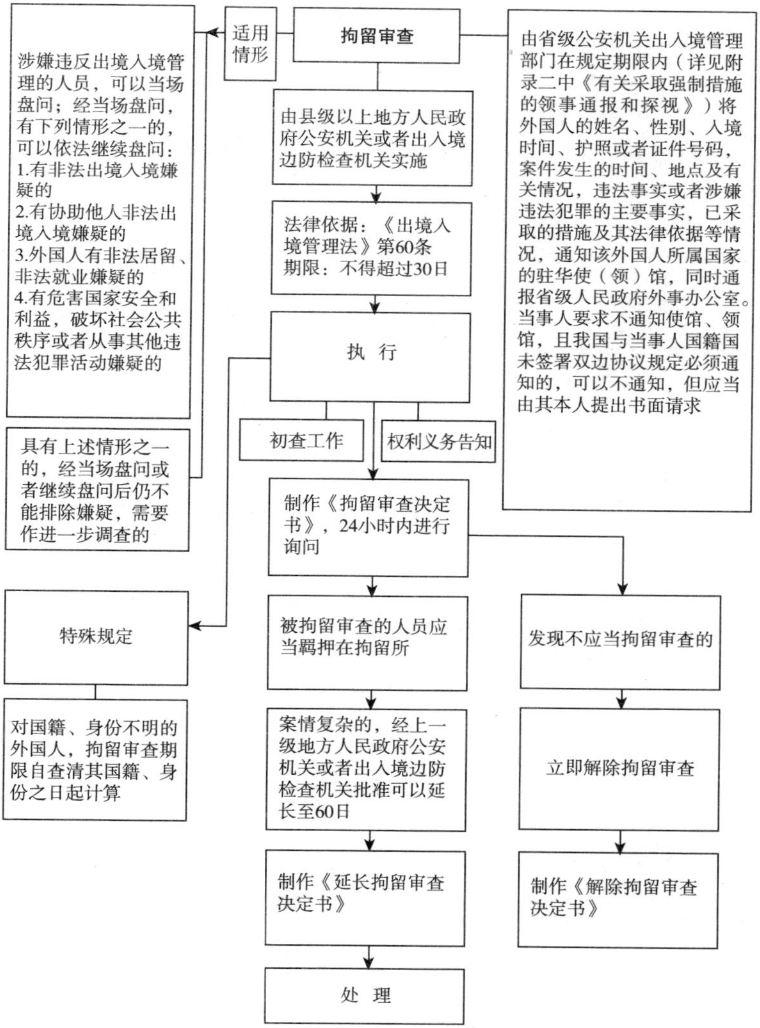

二十二、限制活动范围办理流程示意图

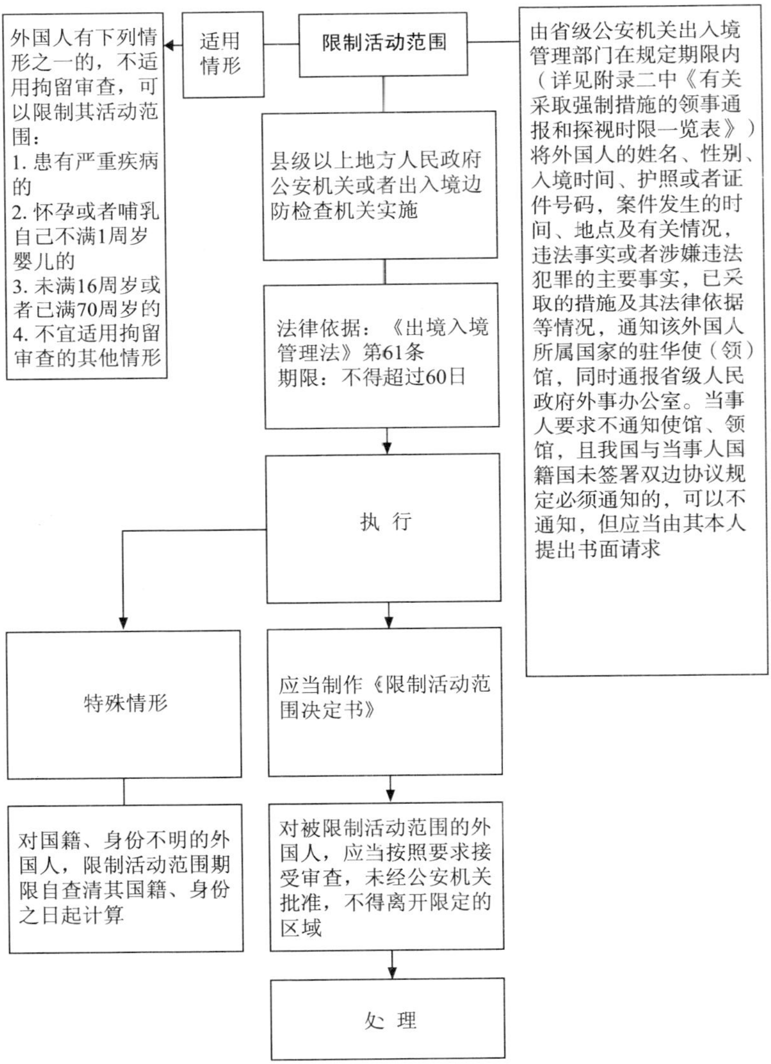

二十三、遣送出境办理流程示意图

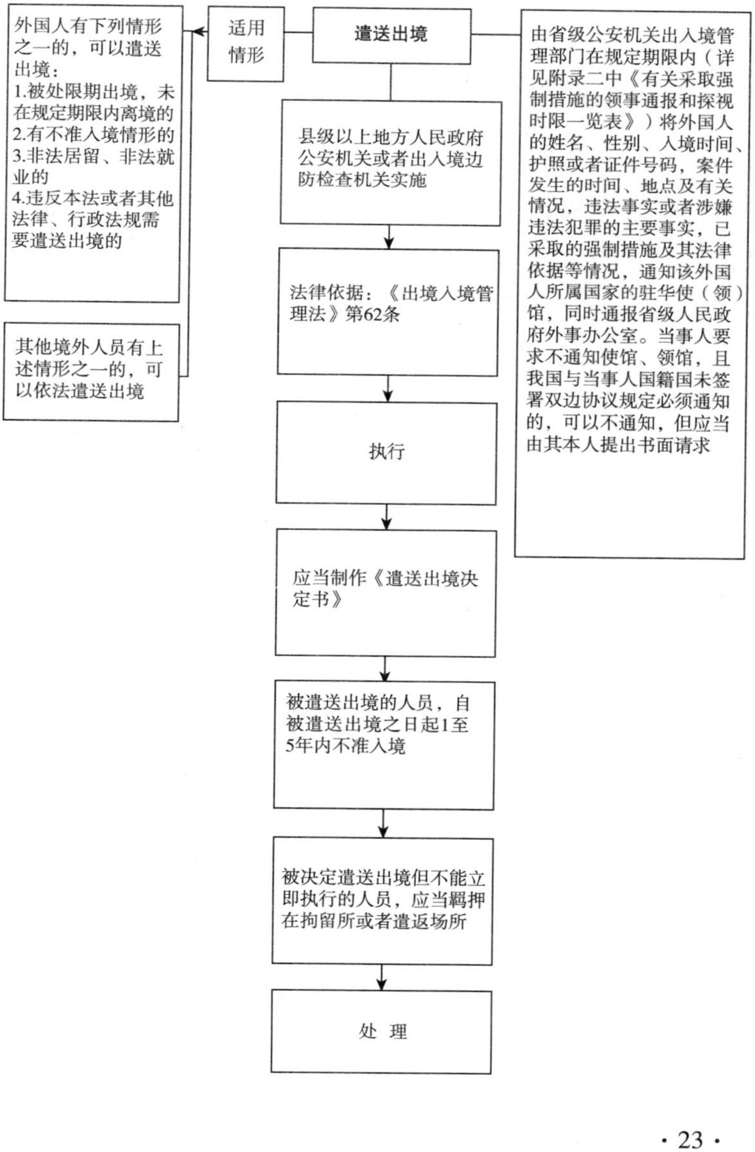

二十四、不准入境和不准出境法定情形示意图

- 不准入境和不准出境法定情形
  - 不准入境
    - 外国人
      - 未持有效出境入境证件或者拒绝、逃避接受边防检查的
      - 被处驱逐出境或者被决定遣送出境，未满不准入境规定年限的
      - 患有严重精神障碍、传染性肺结核病或者有可能对公共卫生造成重大危害的其他传染病的
      - 可能危害中国国家安全和利益、破坏社会公共秩序或者从事其他违法犯罪活动的
      - 在申请签证过程中弄虚作假或者不能保障在中国境内期间所需费用的
      - 入境后可能从事与签证种类不符的活动的
      - 法律、行政法规规定不准入境的其他情形
  - 不准出境
    - 外国人
      - 被判处刑罚尚未执行完毕或者属于刑事案件被告人、犯罪嫌疑人的，但是按照中国与外国签订的有关协议，移管被判刑人的除外
      - 有未了结的民事案件，人民法院决定不准出境的
      - 拖欠劳动者的劳动报酬，经国务院有关部门或者省、自治区、直辖市人民政府决定不准出境的
      - 法律、行政法规规定不准出境的其他情形
    - 中国公民
      - 未持有效出境入境证件或者拒绝、逃避接受边防检查的
      - 被判处刑罚尚未执行完毕或者属于刑事案件被告人、犯罪嫌疑人的
      - 有未了结的民事案件，人民法院决定不准出境的
      - 因妨害国（边）境管理受到刑事处罚或者因非法出境、非法居留、非法就业被其他国家或者地区遣返，未满不准出境规定年限的
      - 可能危害国家安全和利益，国务院有关主管部门决定不准出境的
      - 法律、行政法规规定不准出境的其他情形

二十五、证据保全办理流程示意图

对下列物品，经公安机关负责人批准，可以依法扣押或者扣留：
1. 与治安案件、违反出境入境管理的案件有关的需要作为证据的物品
2. 道路交通安全法律法规规定适用扣留的车辆、机动车驾驶证
3. 其他法律法规规定适用扣押或者扣留的物品

证据保全

行政案件变更管辖时，与案件有关的财物及其孳息应当随案移交，并书面告知当事人。移交时，由接收人、移交人当面查点清楚，并在交接单据上共同签名

登记保存 | 抽样取证 | 先行登记保存 | 扣押 | 扣留 | 查封

应当会同当时人查点清楚，制作并当场交付《证据保全决定书》，应当载明下列事项：
1.当事人的姓名或者名称、地址
2.抽样取证、先行登记保存的理由、依据和期限
3.申请行政复议或者提起行政诉讼的途径和期限
4.作出决定的公安机关的名称、印章和日期

对下列物品，不得扣押或者扣留：
1.与案件无关的物品
2.公民个人及其所扶养家属的生活必需品
3.被侵害人或者善意第三人合法占有的财产。
有上述第2、3项情形的，应当予以登记，写明登记财物的名称、规格、数量、特征，并由占有人签名或者捺手印，必要时，可以进行拍照。但是，与案件有关必须鉴定的，可以依法扣押，结束后应当立即解除

证据保全决定书应当附清单，载明被采取证据保全措施的场所、设施、物品的名称、规格、数量、特征等，由办案民警和当事人签名后，一份交当事人，一份附卷。有见证人的，还应当有见证人签名。当事人或者见证人拒绝签名的，办案民警应当在《证据保全清单》上注明

对先行登记保存的证据，应当在7日内作出处理决定，逾期不作出处理决定的，视为自动解除

扣押、扣留、查封的期限为30日，情况复杂的，经县级以上公安机关负责人批准，可以延长30日，法律、行政法规另有规定的除外

解除证据保全

有下列情形之一的，公安机关应当及时作出解除证据保全决定：
1.当事人没有违法行为的
2.被采取证据保全的场所、设施、物品与违法行为无关的
3.已经作出处理决定，不再需要采取证据保全措施的
4.采取证据保全措施的期限已经届满的
5.被临时查封的危险部位和场所的火灾隐患已经消除的
6.其他不再需要采取证据保全措施的
解除证据保全的，应当立即退还财物，并由当事人签名确认

第二部分　涉外案件办理法律依据

一、刑事案件办理法律依据

（一）管辖规定

1.《中华人民共和国刑法》

第六条　凡在中华人民共和国领域内犯罪的，除法律有特别规定的以外，都适用本法。

凡在中华人民共和国船舶或者航空器内犯罪的，也适用本法。

第八条　外国人在中华人民共和国领域外对中华人民共和国国家或者公民犯罪，而按本法规定的最低刑为三年以上有期徒刑的，可以适用本法，但是按照犯罪地的法律不受处罚的除外。

第十一条　享有外交特权和豁免权的外国人的刑事责任，通过外交途径解决。

2.《中华人民共和国刑事诉讼法》

第十六条　对于外国人犯罪应当追究刑事责任的，适用本法的规定。

对于享有外交特权和豁免权的外国人犯罪应当追究刑事责任的，通过外交途径解决。

3. **《公安机关办理刑事案件程序规定》**

第三百四十九条 犯罪嫌疑人为享有外交或者领事特权和豁免权的外国人的，应当层报公安部，同时通报同级人民政府外事办公室，由公安部商请外交部通过外交途径办理。

第三百五十一条 外国人犯罪案件，由犯罪地的县级以上公安机关立案侦查。

第三百五十二条 外国人犯中华人民共和国缔结或者参加的国际条约规定的罪行后进入我国领域内的，由该外国人被抓获地的设区的市一级以上公安机关立案侦查。

第三百五十三条 外国人在中华人民共和国领域外的中国船舶或者航空器内犯罪的，由犯罪发生后该船舶或者航空器最初停泊或者降落地、目的地的中国港口的县级以上交通或民航公安机关或者该外国人居住地的县级以上公安机关立案侦查；未设交通或者民航公安机关的，由地方公安机关管辖。

第三百五十四条 外国人在国际列车上犯罪的，由犯罪发生后列车最初停靠的中国车站所在地、目的地的县级以上铁路公安机关或者该外国人居住地的县级以上公安机关立案侦查。

第三百五十五条 外国人在中华人民共和国领域外对中华人民共和国国家或者公民犯罪，应当受刑罚处罚的，由该外国人入境地或者入境后居住地的县级以上公安机关立案侦查；该外国人未入境的，由被害人居住地的县级以上公安机关立案侦查；没有被害人或者是对中华人民共和国国家犯罪的，由公安部指定管辖。

第三百五十六条 发生重大或者可能引起外交交涉的外国人犯罪案件的，有关省级公安机关应当及时将案件办理情况报告公安部，同时通报同级人民政府外事办公室。必要时，由公安部商外交部将案件情况通知我国驻外使馆、领事馆。

（二）身份确认

《公安机关办理刑事案件程序规定》

第三百四十七条 外国籍犯罪嫌疑人的国籍，以其在入境时持用的有效证件予以确认；国籍不明的，由出入境管理部门协助予以查明。国籍确实无法查明的，以无国籍人对待。

第三百四十八条 确认外国籍犯罪嫌疑人身份，可以依照有关国际条约或者通过国际刑事警察组织、警务合作渠道办理。确实无法查明的，可以按其自报的姓名移送人民检察院审查起诉。

（三）权利保护

《公安机关办理刑事案件程序规定》

第三百五十条 公安机关办理外国人犯罪案件使用中华人民共和国通用的语言文字。犯罪嫌疑人不通晓中国语言文字的，公安机关应当为他翻译。

第三百五十七条 对外国籍犯罪嫌疑人依法作出取保候审、监视居住决定或者执行拘留、逮捕后，应当在四十八小时以内层报省级公安机关，同时通报同级人民政府外事办公室。

重大涉外案件应当在四十八小时以内层报公安部，同时通报同级人民政府外事办公室。

第三百五十八条 对外国籍犯罪嫌疑人依法作出取保候审、监视居住决定或者执行拘留、逮捕后，由省级公安机关根据有关规定，将其姓名、性别、入境时间、护照或者证件号码、案件发生的时间、地点，涉嫌犯罪的主要事实，已采取的强制措施及其法律依据等，通知该外国人所属国家的驻华使馆、领事馆，同时报告公安部。经省级公安机关批准，领事通报任务较重的副省级城市公安局可以直接行使领事通报职能。

外国人在公安机关侦查或者执行刑罚期间死亡的，有关省级公安机关应当通知该外国人国籍国的驻华使馆、领事馆，同时报告公安部。

未在华设立使馆、领事馆的国家，可以通知其代管国家的驻华使馆、领事馆；无代管国家或者代管国家不明的，可以不予通知。

第三百六十条 公安机关侦查终结前，外国驻华外交、领事官员要求探视被监视居住、拘留、逮捕或者正在看守所服刑的本国公民的，应当及时安排有关探视事宜。犯罪嫌疑人拒绝其国籍国驻华外交、领事官员探视的，公安机关可以不予安排，但应当由其本人提出书面声明。

在公安机关侦查羁押期间，经公安机关批准，外国籍犯罪嫌疑人可以与其近亲属、监护人会见、与外界通信。

（四）刑罚执行

1. **《中华人民共和国刑法》**

第三十五条 对于犯罪的外国人，可以独立使用或者附加适用驱逐出境。

2.《公安机关办理刑事案件程序规定》

第三百六十一条 对判处独立适用驱逐出境刑罚的外国人，省级公安机关在收到人民法院的刑事判决书、执行通知书的副本后，应当指定该外国人所在地的设区的市一级公安机关执行。

被判处徒刑的外国人，主刑执行期满后应当执行驱逐出境附加刑的，省级公安机关在收到执行监狱的上级主管部门转交的刑事判决书、执行通知书副本或者复印件后，应当指定该外国人所在地的设区的市一级公安机关执行。

我国政府已按照国际条约或者《中华人民共和国外交特权与豁免条例》的规定，对实施犯罪，但享有外交或者领事特权和豁免权的外国人宣布为不受欢迎的人，或者不可接受并拒绝承认其外交或者领事人员身份，责令限期出境的人，无正当理由逾期不自动出境的，由公安部凭外交部公文指定该外国人所在地的省级公安机关负责执行或者监督执行。

（五）司法协助与警务合作

《公安机关办理刑事案件程序规定》

第三百七十条 需要请求外国警方提供刑事司法协助或者警务合作的，应当按照有关国际条约、协议的规定提出刑事司法协助或者警务合作请求书，所附文件及相应译文，经省级公安机关审核后报送公安部。

第三百七十一条 需要通过国际刑事警察组织缉捕犯罪嫌疑人、被告人或者罪犯、查询资料、调查取证的，应当提出申请层报国际刑事警察组织中国国家中心局。

第三百七十二条 公安机关提供或者请求外国提供刑事司法协助或者警务合作，应当收取或者支付费用的，根据有关国际条约、协议的规定，或者按照对等互惠的原则协商办理。

第三百七十三条 办理引渡案件，依照法律规定和有关条约执行。

（六）其他规定

《公安机关办理刑事案件程序规定》

第三百四十五条 办理外国人犯罪案件，应当严格依照我国法律、法规、规章，维护国家主权和利益，并在对等互惠原则的基础上，履行我国所承担的国际条约义务。

第三百四十六条 外国籍犯罪嫌疑人在刑事诉讼中，享有我国法律规定的诉讼权利，并承担相应的义务。

第三百六十二条 办理外国人犯罪案件，本章未规定的，适用本规定其他各章的有关规定。

第三百六十三条 办理无国籍人犯罪案件，适用本章的规定。

二、行政案件办理法律依据

（一）管辖规定

1. **《中华人民共和国行政处罚法》**

第二十条 行政处罚由违法行为发生地的县级以上地方人民政府具有行政处罚权的行政机关管辖。法律、行政法规另有规定的除外。

2. **《中华人民共和国治安管理处罚法》**

第四条 在中华人民共和国领域内发生的违反治安管理行为，除法律有特别规定的外，适用本法。

在中华人民共和国船舶和航空器内发生的违反治安管理行为，除法律有特别规定的外，适用本法。

3. **《中华人民共和国道路交通安全法》**

第二条 中华人民共和国境内的车辆驾驶人、行人、乘车人以及与道路交通活动有关的单位和个人，都应当遵守本法。

（二）身份确认

《公安机关办理行政案件程序规定》

第五十九条 首次询问违法嫌疑人时，应当问明违法嫌疑人的姓名、出生日期、户籍所在地、现住址、身份证件种类及号码，是否为各级人民代表大会代表，是否受过刑事处罚或者行政拘留、劳动教养、收容教育、强制隔离戒毒、社区戒毒、收容教养等情况。必要时，还应当问明其家庭主要成员、工作单位、文化程度、民族、身体状况等情况。

违法嫌疑人为外国人的，首次询问时还应当问明其国籍、出入境证件种类及号码、签证种类、入境时间、入境事由等情况。必要时，还应当问明其在华关系人等情况

第二百一十三条 对外国人国籍的确认，以其入境时有效证件上所表明的国籍为准；国籍有疑问或者国籍不明的，由公安机关出入境管理部门协助查明。

对无法查明国籍、身份不明的外国人，按照其自报的国籍或者无国籍人对待。

（三）权利保护

《公安机关办理行政案件程序规定》

第二百一十五条 办理涉外行政案件，应当使用中华人民共和国通用的语言文字。对不通晓我国语言文字的，公安机关应当为其提供翻译；当事人通晓我国语言文字，不需要他人翻译的，应当出具书面声明。

经县级以上公安机关负责人批准，外国籍当事人可以自己聘请翻译，翻译费由其个人承担。

第二百二十八条 对外国人作出行政拘留、拘留审查或者其他限制人身自由以及限制活动范围的决定后，决定机关应当在四十八小时内将外国人的姓名、性别、入境时间、护照或者其他身份证件号码，案件发生的时间、地点及有关情况，违法的主要事实，已采取的措施及其法律依据等情况报告省级公安机关；省级公安机关应当在规定期限内，将有关情况通知该外国人所属国家的驻华使馆、领馆，并通报同级人民政府外事部门。当事人要求不通知使馆、领馆，且我国与当事人国籍国未签署双边协议规定必须通知的，可以不通知，但应当由其本人提出书面请求。

第二百二十九条 外国人在被行政拘留、拘留审查、限制活动范围或者其他限制人身自由期间死亡的，有关省级公安机关应当通知该外国人所属国家驻华使馆、领馆，同时报告公安部并通报同级人民政府外事部门。

第二百三十条 外国人在被行政拘留、拘留审查或者其他限制人身自由以及限制活动范围期间，其所属国家驻华外交、领事官员要求探视的，决定机关应当及时安排。该外国人拒绝其所属国家驻华外交、领事官员探视的，公安机关可以不予安排，但应当由其本人出具书面声明。

（四）处罚与强制

1.《中华人民共和国治安管理处罚法》

第十条 治安管理处罚的种类分为：

（一）警告；

（二）罚款；

（三）行政拘留；

（四）吊销公安机关发放的许可证。

对违反治安管理的外国人，可以附加适用限期出境或驱逐出境。

2.《中华人民共和国行政强制法》

第十八条 行政机关实施行政强制措施应当遵守下列规定：

（一）实施前须向行政机关负责人报告并经批准；

（二）由两名以上行政执法人员实施；

（三）出示执法身份证件；

（四）通知当事人到场；

（五）当场告知当事人采取行政强制措施的理由、依据以及当事人依法享有的权利、救济途径；

（六）听取当事人的陈述和申辩；

（七）制作现场笔录；

（八）现场笔录由当事人和行政执法人员签名或者盖章，

当事人拒绝的，在笔录中予以注明；

（九）当事人不到场的，邀请见证人到场，由见证人和行政执法人员在现场笔录上签名或者盖章；

（十）法律、法规规定的其他程序。

第十九条 情况紧急，需要当场实施行政强制措施的，行政执法人员应当在二十四小时内向行政机关负责人报告，并补办批准手续。行政机关负责人认为不应当采取行政强制措施的，应当立即解除。

第二十条 依照法律规定实施限制公民人身自由的行政强制措施，除应当履行本法第十八条规定的程序外，还应当遵守下列规定：

（一）当场告知或者实施行政强制措施后立即通知当事人家属实施行政强制措施的行政机关、地点和期限；

（二）在紧急情况下当场实施行政强制措施的，在返回行政机关后，立即向行政机关负责人报告并补办批准手续；

（三）法律规定的其他程序。

实施限制人身自由的行政强制措施不得超过法定期限。实施行政强制措施的目的已经达到或者条件已经消失，应当立即解除。

3.《中华人民共和国出境入境管理法》

第二十一条 外国人有下列情形之一的，不予签发签证：

（一）被处驱逐出境或者被决定遣送出境，未满不准入境规定年限的；

（二）患有严重精神障碍、传染性肺结核病或者有可能对公共卫生造成重大危害的其他传染病的；

（三）可能危害中国国家安全和利益、破坏社会公共秩序或者从事其他违法犯罪活动的；

（四）在申请签证过程中弄虚作假或者不能保障在中国境内期间所需费用的；

（五）不能提交签证机关要求提交的相关材料的；

（六）签证机关认为不宜签发签证的其他情形。

对不予签发签证的，签证机关可以不说明理由。

第二十五条 外国人有下列情形之一的，不准入境：

（一）未持有效出境入境证件或者拒绝、逃避接受边防检查的；

（二）具有本法第二十一条第一款第一项至第四项规定情形的；

（三）入境后可能从事与签证种类不符的活动的；

（四）法律、行政法规规定不准入境的其他情形。

对不准入境的，出入境边防检查机关可以不说明理由。

第二十八条 外国人有下列情形之一的，不准出境：

（一）被判处刑罚尚未执行完毕或者属于刑事案件被告人、犯罪嫌疑人的，但是按照中国与外国签订的有关协议，移管被判刑人的除外；

（二）有未了结的民事案件，人民法院决定不准出境的；

（三）拖欠劳动者的劳动报酬，经国务院有关部门或者省、自治区、直辖市人民政府决定不准出境的；

（四）法律、行政法规规定不准出境的其他情形。

4.《公安机关办理行政案件程序规定》

第二百一十六条 外国人具有下列情形之一，经当场盘问或者继续盘问后不能排除嫌疑，需要作进一步调查的，经县级以上公安机关或者出入境边防检查机关负责人批准，可以拘留审查：

（一）有非法出境入境嫌疑的；

（二）有协助他人非法出境入境嫌疑的；

（三）有非法居留、非法就业嫌疑的；

（四）有危害国家安全和利益，破坏社会公共秩序或者从事其他违法犯罪活动嫌疑的。

实施拘留审查，应当出示拘留审查决定书，并在二十四小时内进行询问。

拘留审查的期限不得超过三十日，案情复杂的，经上一级公安机关或者出入境边防检查机关批准可以延长至六十日。对国籍、身份不明的，拘留审查期限自查清其国籍、身份之日起计算。

第二百一十七条 具有下列情形之一的，应当解除拘留审查：

（一）被决定遣送出境、限期出境或者驱逐出境的；

（二）不应当拘留审查的；

（三）被采取限制活动范围措施的；

（四）案件移交其他部门处理的；

（五）其他应当解除拘留审查的。

第二百一十八条 外国人具有下列情形之一的，不适用拘留审查，经县级以上公安机关或者出入境边防检查机关负责人批准，可以限制其活动范围：

（一）患有严重疾病的；

（二）怀孕或者哺乳自己婴儿的；

（三）未满十六周岁或者已满七十周岁的；

（四）不宜适用拘留审查的其他情形。

被限制活动范围的外国人，应当按照要求接受审查，未经公安机关批准，不得离开限定的区域。限制活动范围的期限不得超过六十日。对国籍、身份不明的，限制活动范围期限自查清其国籍、身份之日起计算。

第二百一十九条 被限制活动范围的外国人应当遵守下列规定：

（一）未经决定机关批准，不得变更生活居所，超出指定的活动区域；

（二）在传唤的时候及时到案；

（三）不得以任何形式干扰证人作证；

（四）不得毁灭、伪造证据或者串供。

第二百二十条 外国人具有下列情形之一的，经县级以上公安机关或者出入境边防检查机关负责人批准，可以遣送出境：

（一）被处限期出境，未在规定期限内离境的；

（二）有不准入境情形的；

（三）非法居留、非法就业的；

（四）违反法律、行政法规需要遣送出境的。

其他境外人员具有前款所列情形之一的，可以依法遣送出境。

被遣送出境的人员，自被遣送出境之日起一至五年内不准入境。

第二百二十一条 被遣送出境的外国人可以被遣送至下列国家或者地区：

（一）国籍国；

（二）入境前的居住国或者地区；

（三）出生地国或者地区；

（四）入境前的出境口岸的所属国或者地区；

（五）其他允许被遣送出境的外国人入境的国家或者地区。

第二百二十二条 具有下列情形之一的外国人，应当羁押在拘留所或者遣返场所：

（一）被拘留审查的；

（二）被决定遣送出境或者驱逐出境但因天气、交通运输工具班期、当事人健康状况等客观原因或者国籍、身份不明，不能立即执行的。

第二百二十四条 外国人具有下列情形之一的，经县级以上公安机关或者出入境边防检查机关决定，可以限期出境：

（一）违反治安管理的；

（二）从事与停留居留事由不相符的活动的；

（三）违反中国法律、法规规定，不适宜在中国境内继续停留居留的。

对外国人决定限期出境的，应当规定外国人离境的期限，注销其有效签证或者停留居留证件。限期出境的期限不得超过三十日。

第二百二十五条 外国人违反治安管理或者出境入境管理，情节严重，尚不构成犯罪的，承办的公安机关可以层报公安部处以驱逐出境。公安部作出的驱逐出境决定为最终决定，由承办机关宣布并执行。

被驱逐出境的外国人，自被驱逐出境之日起十年内不准入境。

第二百二十六条 对外国人处以罚款或者行政拘留并处限期出境或者驱逐出境的，应当于罚款或者行政拘留执行完毕后执行限期出境或者驱逐出境。

（五）其他规定

《公安机关办理行政案件程序规定》

第二百一十二条 办理涉外行政案件，应当维护国家主权和利益，坚持平等互利原则。

第二百一十四条 违法行为人为享有外交特权和豁免权的外国人的，办案公安机关应当将其身份、证件及违法行为等基本情况记录在案，保存有关证据，并尽快将有关情况层报省级公安机关，由省级公安机关商请同级人民政府外事部门通过外交途径处理。

对享有外交特权和豁免权的外国人，不得采取限制人身自由和查封、扣押的强制措施。

第二百二十七条 办理涉外行政案件，应当按照国家有关办理涉外案件的规定，严格执行请示报告、内部通报、对外通知等各项制度。

第二百三十一条 办理涉外行政案件，本章未作规定的，适用其他各章的有关规定。

三、出入境管理法律依据

（一）签证管理

1.《中华人民共和国出境入境管理法》

第十五条 外国人入境，应当向驻外签证机关申请办理签证，但是本法另有规定的除外。

第十六条 签证分为外交签证、礼遇签证、公务签证、普通签证。

对因外交、公务事由入境的外国人，签发外交、公务签证；对因身份特殊需要给予礼遇的外国人，签发礼遇签证。外交签证、礼遇签证、公务签证的签发范围和签发办法由外交部规定。

对因工作、学习、探亲、旅游、商务活动、人才引进等非外交、公务事由入境的外国人，签发相应类别的普通签证。普通签证的类别和签发办法由国务院规定。

第十七条 签证的登记项目包括：签证种类，持有人姓名、性别、出生日期、入境次数、入境有效期、停留期限，签发日期、地点，护照或者其他国际旅行证件号码等。

第十八条 外国人申请办理签证，应当向驻外签证机关提交本人的护照或者其他国际旅行证件，以及申请事由的相关材料，按照驻外签证机关的要求办理相关手续、接受面谈。

第十九条 外国人申请办理签证需要提供中国境内的单位或者个人出具的邀请函件的，申请人应当按照驻外签证机关的要求提供。出具邀请函件的单位或者个人应当对邀请内容的真实性负责。

第二十条 出于人道原因需要紧急入境，应邀入境从事紧急商务、工程抢修或者具有其他紧急入境需要并持有有关主管部门同意在口岸申办签证的证明材料的外国人，可以在国务院批准办理口岸签证业务的口岸，向公安部委托的口岸签证机关（以下简称口岸签证机关）申请办理口岸签证。

旅行社按照国家有关规定组织入境旅游的，可以向口岸签证机关申请办理团体旅游签证。

外国人向口岸签证机关申请办理签证，应当提交本人的护照或者其他国际旅行证件，以及申请事由的相关材料，按照口岸签证机关的要求办理相关手续，并从申请签证的口岸入境。

口岸签证机关签发的签证一次入境有效，签证注明的停留期限不得超过三十日。

第二十一条 外国人有下列情形之一的，不予签发签证：

（一）被处驱逐出境或者被决定遣送出境，未满不准入境规定年限的；

（二）患有严重精神障碍、传染性肺结核病或者有可能对公共卫生造成重大危害的其他传染病的；

（三）可能危害中国国家安全和利益、破坏社会公共秩序或者从事其他违法犯罪活动的；

（四）在申请签证过程中弄虚作假或者不能保障在中国境内期间所需费用的；

（五）不能提交签证机关要求提交的相关材料的；

（六）签证机关认为不宜签发签证的其他情形。

对不予签发签证的，签证机关可以不说明理由。

第二十二条 外国人有下列情形之一的，可以免办签证：

（一）根据中国政府与其他国家政府签订的互免签证协议，属于免办签证人员的；

（二）持有效的外国人居留证件的；

（三）持联程客票搭乘国际航行的航空器、船舶、列车从中国过境前往第三国或者地区，在中国境内停留不超过二十四小时且不离开口岸，或者在国务院批准的特定区域内停留不超过规定时限的；

（四）国务院规定的可以免办签证的其他情形。

第二十三条 有下列情形之一的外国人需要临时入境的，应当向出入境边防检查机关申请办理临时入境手续：

（一）外国船员及其随行家属登陆港口所在城市的；

（二）本法第二十二条第三项规定的人员需要离开口岸的；

（三）因不可抗力或者其他紧急原因需要临时入境的。

临时入境的期限不得超过十五日。

对申请办理临时入境手续的外国人，出入境边防检查机关可以要求外国人本人、载运其入境的交通运输工具的负责人或者交通运输工具出境入境业务代理单位提供必要的保证措施。

2.《中华人民共和国外国人入境出境管理条例》

第五条 外交签证、礼遇签证、公务签证的签发范围和签发办法由外交部规定。

第六条 普通签证分为以下类别，并在签证上标明相应的汉语拼音字母：

（一）C字签证，发给执行乘务、航空、航运任务的国际列车乘务员、国际航空器机组人员、国际航行船舶的船员及船员随行家属和从事国际道路运输的汽车驾驶员。

（二）D字签证，发给入境永久居留的人员。

（三）F字签证，发给入境从事交流、访问、考察等活动的人员。

（四）G字签证，发给经中国过境的人员。

（五）J1字签证，发给外国常驻中国新闻机构的外国常驻记者；J2字签证，发给入境进行短期采访报道的外国记者。

（六）L字签证，发给入境旅游的人员；以团体形式入境旅游的，可以签发团体L字签证。

（七）M字签证，发给入境进行商业贸易活动的人员。

（八）Q1字签证，发给因家庭团聚申请入境居留的中国公民的家庭成员和具有中国永久居留资格的外国人的家庭成员，以及因寄养等原因申请入境居留的人员；Q2字签证，发给申请入境短期探亲的居住在中国境内的中国公民的亲属和具有中国永久居留资格的外国人的亲属。

（九）R字签证，发给国家需要的外国高层次人才和急需紧缺专门人才。

（十）S1字签证，发给申请入境长期探亲的因工作、学习等事由在中国境内居留的外国人的配偶、父母、未满十八周岁的子女、配偶的父母，以及因其他私人事务需要在中国境内居留的人员；S2字签证，发给申请入境短期探亲的因工作、学习等事由在中国境内停留居留的外国人的家庭成员，以及因其他私人事务需要在中国境内停留的人员。

（十一）X1字签证，发给申请在中国境内长期学习的人员；X2字签证，发给申请在中国境内短期学习的人员。

（十二）Z字签证，发给申请在中国境内工作的人员。

第七条　外国人申请办理签证，应当填写申请表，提交本人的护照或者其他国际旅行证件以及符合规定的照片和申请事由的相关材料。

（一）申请C字签证，应当提交外国运输公司出具的担保函件或者中国境内有关单位出具的邀请函件。

（二）申请D字签证，应当提交公安部签发的外国人永久居留身份确认表。

（三）申请F字签证，应当提交中国境内的邀请方出具的邀请函件。

（四）申请G字签证，应当提交前往国家（地区）的已确定日期、座位的联程机（车、船）票。

（五）申请J1字及J2字签证，应当按照中国有关外国常驻新闻机构和外国记者采访的规定履行审批手续并提交相应的申请材料。

（六）申请L字签证，应当按照要求提交旅行计划行程安排等材料；以团体形式入境旅游的，还应当提交旅行社出具的邀请函件。

（七）申请M字签证，应当按照要求提交中国境内商业贸易合作方出具的邀请函件。

（八）申请Q1字签证，因家庭团聚申请入境居留的，应当提交居住在中国境内的中国公民、具有永久居留资格的外国人出具的邀请函件和家庭成员关系证明，因寄养等原因申请入境的，应当提交委托书等证明材料；申请Q2字签证，应当提交居住在中国境内的中国公民、具有永久居留资格的外国人出具的邀请函件等证明材料。

（九）申请R字签证，应当符合中国政府有关主管部门确定的外国高层次人才和急需紧缺专门人才的引进条件和要求，并按照规定提交相应的证明材料。

（十）申请S1字及S2字签证，应当按照要求提交因工作、学习等事由在中国境内停留居留的外国人出具的邀请函件、家庭成员关系证明，或者入境处理私人事务所需的证明材料。

（十一）申请X1字签证应当按照规定提交招收单位出具的录取通知书和主管部门出具的证明材料；申请X2字签证，应当按照规定提交招收单位出具的录取通知书等证明材料。

（十二）申请Z字签证，应当按照规定提交工作许可等证明材料。

签证机关可以根据具体情况要求外国人提交其他申请材料。

第八条 外国人有下列情形之一的，应当按照驻外签证机关要求接受面谈：

（一）申请入境居留的；

（二）个人身份信息、入境事由需要进一步核实的；

（三）曾有不准入境、被限期出境记录的；

（四）有必要进行面谈的其他情形。

驻外签证机关签发签证需要向中国境内有关部门、单位核实有关信息的，中国境内有关部门、单位应当予以配合。

第九条 签证机关经审查认为符合签发条件的，签发相应类别签证。对入境后需要办理居留证件的，签证机关应当在签证上注明入境后办理居留证件的时限。

（二）出入境管理

《中华人民共和国出境入境管理法》

第二十四条 外国人入境，应当向出入境边防检查机关交验本人的护照或者其他国际旅行证件、签证或者其他入境许可证明，履行规定的手续，经查验准许，方可入境。

第二十六条 对未被准许入境的外国人，出入境边防检查机关应当责令其返回；对拒不返回的，强制其返回。外国人等待返回期间，不得离开限定的区域。

第二十七条 外国人出境，应当向出入境边防检查机关交验本人的护照或者其他国际旅行证件等出境入境证件，履行规定的手续，经查验准许，方可出境。

（三）停居留管理

1. **《中华人民共和国出境入境管理法》**

第二十九条 外国人所持签证注明的停留期限不超过一百

八十日的，持证人凭签证并按照签证注明的停留期限在中国境内停留。

需要延长签证停留期限的，应当在签证注明的停留期限届满七日前向停留地县级以上地方人民政府公安机关出入境管理机构申请，按照要求提交申请事由的相关材料。经审查，延期理由合理、充分的，准予延长停留期限；不予延长停留期限的，应当按期离境。

延长签证停留期限，累计不得超过签证原注明的停留期限。

第三十条 外国人所持签证注明入境后需要办理居留证件的，应当自入境之日起三十日内，向拟居留地县级以上地方人民政府公安机关出入境管理机构申请办理外国人居留证件。

申请办理外国人居留证件，应当提交本人的护照或者其他国际旅行证件，以及申请事由的相关材料，并留存指纹等人体生物识别信息。公安机关出入境管理机构应当自收到申请材料之日起十五日内进行审查并作出审查决定，根据居留事由签发相应类别和期限的外国人居留证件。

外国人工作类居留证件的有效期最短为九十日，最长为五年；非工作类居留证件的有效期最短为一百八十日，最长为五年。

第三十一条 外国人有下列情形之一的，不予签发外国人居留证件：

（一）所持签证类别属于不应办理外国人居留证件的；

（二）在申请过程中弄虚作假的；

（三）不能按照规定提供相关证明材料的；

（四）违反中国有关法律、行政法规，不适合在中国境内居留的；

（五）签发机关认为不宜签发外国人居留证件的其他情形。

符合国家规定的专门人才、投资者或者出于人道等原因确需由停留变更为居留的外国人，经设区的市级以上地方人民政府公安机关出入境管理机构批准可以办理外国人居留证件。

第三十二条 在中国境内居留的外国人申请延长居留期限的，应当在居留证件有效期限届满三十日前向居留地县级以上地方人民政府公安机关出入境管理机构提出申请，按照要求提交申请事由的相关材料。经审查，延期理由合理、充分的，准予延长居留期限；不予延长居留期限的，应当按期离境。

第三十三条 外国人居留证件的登记项目包括：持有人姓名、性别、出生日期、居留事由、居留期限，签发日期、地点，护照或者其他国际旅行证件号码等。

外国人居留证件登记事项发生变更的，持证件人应当自登记事项发生变更之日起十日内向居留地县级以上地方人民政府公安机关出入境管理机构申请办理变更。

第三十四条 免办签证入境的外国人需要超过免签期限在中国境内停留的，外国船员及其随行家属在中国境内停留需要离开港口所在城市，或者具有需要办理外国人停留证件其他情形的，应当按照规定办理外国人停留证件。

外国人停留证件的有效期最长为一百八十日。

第三十五条 外国人入境后，所持的普通签证、停留居留证件损毁、遗失、被盗抢或者有符合国家规定的事由需要换发、补发的，应当按照规定向停留居留地县级以上地方人民政府公安机关出入境管理机构提出申请。

第三十六条 公安机关出入境管理机构作出的不予办理普通签证延期、换发、补发，不予办理外国人停留居留证件、不予延长居留期限的决定为最终决定。

第三十七条 外国人在中国境内停留居留，不得从事与停留居留事由不相符的活动，并应当在规定的停留居留期限届满前离境。

第三十八条 年满十六周岁的外国人在中国境内停留居留，应当随身携带本人的护照或者其他国际旅行证件，或者外国人停留居留证件，接受公安机关的查验。

在中国境内居留的外国人，应当在规定的时间内到居留地县级以上地方人民政府公安机关交验外国人居留证件。

第三十九条 外国人在中国境内旅馆住宿的，旅馆应当按照旅馆业治安管理的有关规定为其办理住宿登记，并向所在地公安机关报送外国人住宿登记信息。

外国人在旅馆以外的其他住所居住或者住宿的，应当在入住后二十四小时内由本人或者留宿人，向居住地的公安机关办理登记。

第四十条 在中国境内出生的外国婴儿，其父母或者代理人应当在婴儿出生六十日内，持该婴儿的出生证明到父母停留居留地县级以上地方人民政府公安机关出入境管理机构为其办理停留或者居留登记。

外国人在中国境内死亡的，其家属、监护人或者代理人，应当按照规定，持该外国人的死亡证明向县级以上地方人民政府公安机关出入境管理机构申报，注销外国人停留居留证件。

第四十一条 外国人在中国境内工作，应当按照规定取得工作许可和工作类居留证件。任何单位和个人不得聘用未取得工作许可和工作类居留证件的外国人。

外国人在中国境内工作管理办法由国务院规定。

第四十二条 国务院人力资源社会保障主管部门、外国专家主管部门会同国务院有关部门根据经济社会发展需要和人力资源供求状况制定并定期调整外国人在中国境内工作指导目录。

国务院教育主管部门会同国务院有关部门建立外国留学生勤工助学管理制度，对外国留学生勤工助学的岗位范围和时限作出规定。

第四十三条 外国人有下列行为之一的，属于非法就业：

（一）未按照规定取得工作许可和工作类居留证件在中国境内工作的；

（二）超出工作许可限定范围在中国境内工作的；

（三）外国留学生违反勤工助学管理规定，超出规定的岗位范围或者时限在中国境内工作的。

第四十四条 根据维护国家安全、公共安全的需要，公安机关、国家安全机关可以限制外国人、外国机构在某些地区设立居住或者办公场所；对已经设立的，可以限期迁离。

未经批准，外国人不得进入限制外国人进入的区域。

第四十五条 聘用外国人工作或者招收外国留学生的单位，应当按照规定向所在地公安机关报告有关信息。

公民、法人或者其他组织发现外国人有非法入境、非法居留、非法就业情形的，应当及时向所在地公安机关报告。

第四十六条 申请难民地位的外国人，在难民地位甄别期间，可以凭公安机关签发的临时身份证明在中国境内停留；被认定为难民的外国人，可以凭公安机关签发的难民身份证件在中国境内停留居留。

第四十七条 对中国经济社会发展作出突出贡献或者符合其他在中国境内永久居留条件的外国人，经本人申请和公安部批准，取得永久居留资格。

外国人在中国境内永久居留的审批管理办法由公安部、外交部会同国务院有关部门规定。

第四十八条 取得永久居留资格的外国人，凭永久居留证件在中国境内居留和工作，凭本人的护照和永久居留证件出境入境。

第四十九条 外国人有下列情形之一的，由公安部决定取消其在中国境内永久居留资格：

（一）对中国国家安全和利益造成危害的；

（二）被处驱逐出境的；

（三）弄虚作假骗取在中国境内永久居留资格的；

（四）在中国境内居留未达到规定时限的；

（五）不适宜在中国境内永久居留的其他情形。

2.《中华人民共和国外国人入境出境管理条例》

第十条 外国人持签证入境后，按照国家规定可以变更停留事由、给予入境便利的，或者因使用新护照、持团体签证入境后由于客观原因需要分团停留的，可以向停留地县级以上地方人民政府公安机关出入境管理机构申请换发签证。

第十一条 在中国境内的外国人所持签证遗失、损毁、被盗抢的，应当及时向停留地县级以上地方人民政府公安机关出入境管理机构申请补发签证。

第十二条 外国人申请签证的延期、换发、补发和申请办理停留证件，应当填写申请表，提交本人的护照或者其他国际旅行证件以及符合规定的照片和申请事由的相关材料。

第十三条 外国人申请签证延期、换发、补发和申请办理停留证件符合受理规定的，公安机关出入境管理机构应当出具有效期不超过7日的受理回执，并在受理回执有效期内作出是否签发的决定。

外国人申请签证延期、换发、补发和申请办理停留证件的手续或者材料不符合规定的，公安机关出入境管理机构应当一次性告知申请人需要履行的手续和补正的申请材料。

申请人所持护照或者其他国际旅行证件因办理证件被收存期间，可以凭受理回执在中国境内合法停留。

第十四条 公安机关出入境管理机构作出的延长签证停留期限决定，仅对本次入境有效，不影响签证的入境次数和入境有效期，并且累计延长的停留期限不得超过原签证注明的停留期限。

签证停留期限延长后，外国人应当按照原签证规定的事由和延长的期限停留。

第十五条 居留证件分为以下种类：

（一）工作类居留证件，发给在中国境内工作的人员；

（二）学习类居留证件，发给在中国境内长期学习的人员；

（三）记者类居留证件，发给外国常驻中国新闻机构的外国常驻记者；

（四）团聚类居留证件，发给因家庭团聚需要在中国境内居留的中国公民的家庭成员和具有中国永久居留资格的外国人的家庭成员，以及因寄养等原因需要在中国境内居留的人员；

（五）私人事务类居留证件，发给入境长期探亲的因工作、学习等事由在中国境内居留的外国人的配偶、父母、未满十八周岁的子女、配偶的父母，以及因其他私人事务需要在中国境内居留的人员。

第十六条 外国人申请办理外国人居留证件，应当提交本人护照或者其他国际旅行证件以及符合规定的照片和申请事由的相关材料，本人到居留地县级以上地方人民政府公安机关出入境管理机构办理相关手续，并留存指纹等人体生物识别信息。

（一）工作类居留证件，应当提交工作许可等证明材料；属于国家需要的外国高层次人才和急需紧缺专门人才的，应当按照规定提交有关证明材料。

（二）学习类居留证件，应当按照规定提交招收单位出具的注明学习期限的函件等证明材料。

（三）记者类居留证件，应当提交有关主管部门出具的函件和核发的记者证。

（四）团聚类居留证件，因家庭团聚需要在中国境内居留的，应当提交家庭成员关系证明和与申请事由相关的证明材料；因寄养等原因需要在中国境内居留的，应当提交委托书等证明材料。

（五）私人事务类居留证件，长期探亲的，应当按照要求提交亲属关系证明、被探望人的居留证件等证明材料；入境处理私人事务的，应当提交因处理私人事务需要在中国境内居留的相关证明材料。

外国人申请有效期一年以上的居留证件的，应当按照规定提交健康证明。健康证明自开具之日起六个月内有效。

第十七条 外国人申请办理居留证件的延期、换发、补发，应当填写申请表，提交本人的护照或者其他国际旅行证件以及符合规定的照片和申请事由的相关材料。

第十八条 外国人申请居留证件或者申请居留证件的延期、换发、补发符合受理规定的，公安机关出入境管理机构应当出具有效期不超过 15 日的受理回执，并在受理回执有效期内作出是否签发的决定。

外国人申请居留证件或者申请居留证件的延期、换发、补发的手续或者材料不符合规定的，公安机关出入境管理机构应当一次性告知申请人需要履行的手续和补正的申请材料。

申请人所持护照或者其他国际旅行证件因办理证件被收存

期间，可以凭受理回执在中国境内合法居留。

第十九条 外国人申请签证和居留证件的延期、换发、补发，申请办理停留证件，有下列情形之一的，可以由邀请单位或者个人、申请人的亲属、有关专门服务机构代为申请：

（一）未满十六周岁或者已满六十周岁以及因疾病等原因行动不便的；

（二）非首次入境且在中国境内停留居留记录良好的；

（三）邀请单位或者个人对外国人在中国境内期间所需费用提供保证措施的。

外国人申请居留证件，属于国家需要的外国高层次人才和急需紧缺专门人才以及前款第一项规定情形的，可以由邀请单位或者个人、申请人的亲属、有关专门服务机构代为申请。

第二十条 公安机关出入境管理机构可以通过面谈、电话询问、实地调查等方式核实申请事由的真实性，申请人以及出具邀请函件、证明材料的单位或者个人应当予以配合。

第二十一条 公安机关出入境管理机构对有下列情形之一的外国人，不予批准签证和居留证件的延期、换发、补发，不予签发停留证件：

（一）不能按照规定提供申请材料的；

（二）在申请过程中弄虚作假的；

（三）违反中国有关法律、行政法规规定，不适合在中国境内停留居留的；

（四）不宜批准签证和居留证件的延期、换发、补发或者签发停留证件的其他情形。

第二十二条 持学习类居留证件的外国人需要在校外勤工助学或者实习的，应当经所在学校同意后，向公安机关出入境管理机构申请居留证件加注勤工助学或者实习地点、期限等信息。

持学习类居留证件的外国人所持居留证件未加注前款规定信息的，不得在校外勤工助学或者实习。

第二十三条 在中国境内的外国人因证件遗失、损毁、被盗抢等原因未持有效护照或者国际旅行证件，无法在本国驻中国有关机构补办的，可以向停留居留地县级以上地方人民政府公安机关出入境管理机构申请办理出境手续。

第二十四条 所持出境入境证件注明停留区域的外国人、出入境边防检查机关批准临时入境且限定停留区域的外国人，应当在限定的区域内停留。

第二十五条 外国人在中国境内有下列情形之一的，属于非法居留：

（一）超过签证、停留居留证件规定的停留居留期限停留居留的；

（二）免办签证入境的外国人超过免签期限停留且未办理停留居留证件的；

（三）外国人超出限定的停留居留区域活动的；

（四）其他非法居留的情形。

第二十六条 聘用外国人工作或者招收外国留学生的单位，发现有下列情形之一的，应当及时向所在地县级以上地方人民政府公安机关出入境管理机构报告：

（一）聘用的外国人离职或者变更工作地域的；

（二）招收的外国留学生毕业、结业、肄业、退学，离开原招收单位的；

（三）聘用的外国人、招收的外国留学生违反出境入境管理规定的；

（四）聘用的外国人、招收的外国留学生出现死亡、失踪等情形的。

第二十七条 金融、教育、医疗、电信等单位在办理业务时需要核实外国人身份信息的，可以向公安机关出入境管理机构申请核实。

第二十八条 外国人因外交、公务事由在中国境内停留居留证件的签发管理，按照外交部的规定执行。

（四）强制措施

1.《中华人民共和国出境入境管理法》

第五十八条 本章规定的当场盘问、继续盘问、拘留审查、限制活动范围、遣送出境措施，由县级以上地方人民政府公安机关或者出入境边防检查机关实施。

第五十九条 对涉嫌违反出境入境管理的人员，可以当场盘问；经当场盘问，有下列情形之一的，可以依法继续盘问：

（一）有非法出境入境嫌疑的；

（二）有协助他人非法出境入境嫌疑的；

（三）外国人有非法居留、非法就业嫌疑的；

（四）有危害国家安全和利益，破坏社会公共秩序或者从事其他违法犯罪活动嫌疑的。

当场盘问和继续盘问应当依据《中华人民共和国人民警察法》规定的程序进行。

县级以上地方人民政府公安机关或者出入境边防检查机关需要传唤涉嫌违反出境入境管理的人员的，依照《中华人民共和国治安管理处罚法》的有关规定执行。

第六十条 外国人有本法第五十九条第一款规定情形之一的，经当场盘问或者继续盘问后仍不能排除嫌疑，需要作进一步调查的，可以拘留审查。

实施拘留审查，应当出示拘留审查决定书，并在二十四小时内进行询问。发现不应当拘留审查的，应当立即解除拘留审查。

拘留审查的期限不得超过三十日；案情复杂的，经上一级地方人民政府公安机关或者出入境边防检查机关批准可以延长至六十日。对国籍、身份不明的外国人，拘留审查期限自查清其国籍、身份之日起计算。

第六十一条 外国人有下列情形之一的，不适用拘留审查，可以限制其活动范围：

（一）患有严重疾病的；

（二）怀孕或者哺乳自己不满一周岁婴儿的；

（三）未满十六周岁或者已满七十周岁的；

（四）不宜适用拘留审查的其他情形。

被限制活动范围的外国人，应当按照要求接受审查，未经公安机关批准，不得离开限定的区域。限制活动范围的期限不得超过六十日。对国籍、身份不明的外国人，限制活动范围期限自查清其国籍、身份之日起计算。

第六十二条 外国人有下列情形之一的，可以遣送出境：

（一）被处限期出境，未在规定期限内离境的；

（二）有不准入境情形的；

（三）非法居留、非法就业的；

（四）违反本法或者其他法律、行政法规需要遣送出境的。

其他境外人员有前款所列情形之一的，可以依法遣送出境。

被遣送出境的人员，自被遣送出境之日起一至五年内不准入境。

第六十三条 被拘留审查或者被决定遣送出境但不能立即执行的人员，应当羁押在拘留所或者遣返场所。

第六十四条 外国人对依照本法规定对其实施的继续盘问、拘留审查、限制活动范围、遣送出境措施不服的，可以依法申请行政复议，该行政复议决定为最终决定。

其他境外人员对依照本法规定对其实施的遣送出境措施不服，申请行政复议的，适用前款规定。

第六十五条 对依法决定不准出境或者不准入境的人员，决定机关应当按照规定及时通知出入境边防检查机关；不准出境、入境情形消失的，决定机关应当及时撤销不准出境、入境决定，并通知出入境边防检查机关。

第六十六条 根据维护国家安全和出境入境管理秩序的需要，必要时，出入境边防检查机关可以对出境入境的人员进行人身检查。人身检查应当由两名与受检查人同性别的边防检查人员进行。

第六十七条 签证、外国人停留居留证件等出境入境证件发生损毁、遗失、被盗抢或者签发后发现持证人不符合签发条件等情形的，由签发机关宣布该出境入境证件作废。

伪造、变造、骗取或者被证件签发机关宣布作废的出境入境证件无效。

公安机关可以对前款规定的或被他人冒用的出境入境证件予以注销或者收缴。

第六十八条 对用于组织、运送、协助他人非法出境入境的交通运输工具，以及需要作为办案证据的物品，公安机关可以扣押。

对查获的违禁物品，涉及国家秘密的文件、资料以及用于实施违反出境入境管理活动的工具等，公安机关应当予以扣押，并依照相关法律、行政法规规定处理。

第六十九条 出境入境证件的真伪由签发机关、出入境边防检查机关或者公安机关出入境管理机构认定。

2. **《中华人民共和国外国人入境出境管理条例》**

第二十九条 公安机关根据实际需要可以设置遣返场所。

依照出境入境管理法第六十条的规定对外国人实施拘留审查的，应当在二十四小时内将被拘留审查的外国人送到拘留所或者遣返场所。

由于天气、当事人健康状况等原因无法立即执行遣送出境、驱逐出境的，应当凭相关法律文书将外国人羁押在拘留所或者遣返场所。

第三十条 依照出境入境管理法第六十一条的规定，对外国人限制活动范围的，应当出具限制活动范围决定书。被限制活动范围的外国人，应当在指定的时间到公安机关报到；未经决定机关批准，不得变更生活居所或者离开限定的区域。

第三十一条 依照出境入境管理法第六十二条的规定，对外国人实施遣送出境的，作出遣送出境决定的机关应当依法确定被遣送出境的外国人不准入境的具体期限。

第三十二条 外国人被遣送出境所需的费用由本人承担。本人无力承担的，属于非法就业的，由非法聘用的单位、个人承担；属于其他情形的，由对外国人在中国境内停留居留提供保证措施的单位或者个人承担。

遣送外国人出境，由县级以上地方人民政府公安机关或者出入境边防检查机关实施。

第三十三条 外国人被决定限期出境的，作出决定的机关应当在注销或者收缴其原出境入境证件后，为其补办停留手续并限定出境的期限。限定出境期限最长不得超过十五日。

第三十四条 外国人有下列情形之一的，其所持签证、停留居留证件由签发机关宣布作废：

（一）签证、停留居留证件损毁、遗失、被盗抢的；

（二）被决定限期出境、遣送出境、驱逐出境，其所持签证、停留居留证件未被收缴或者注销的；

（三）原居留事由变更，未在规定期限内向公安机关出入境管理机构申报，经公安机关公告后仍未申报的；

（四）有出境入境管理法第二十一条、第三十一条规定的不予签发签证、居留证件情形的。

签发机关对签证、停留居留证件依法宣布作废的，可以当场宣布作废或者公告宣布作废。

第三十五条 外国人所持签证、停留居留证件有下列情形之一的，由公安机关注销或者收缴：

（一）被签发机关宣布作废或者被他人冒用的；

（二）通过伪造、变造、骗取或者其他方式非法获取的；

（三）持有人被决定限期出境、遣送出境、驱逐出境的。

作出注销或者收缴决定的机关应当及时通知签发机关。

（五）行政处罚

《中华人民共和国出境入境管理法》

第七十条 本章规定的行政处罚，除本章另有规定外，由县级以上地方人民政府公安机关或者出入境边防检查机关决定；其中警告或者五千元以下罚款，可以由县级以上地方人民政府公安机关出入境管理机构决定。

第七十一条 有下列行为之一的，处一千元以上五千元以下罚款；情节严重的，处五日以上十日以下拘留，可以并处二千元以上一万元以下罚款：

（一）持用伪造、变造、骗取的出境入境证件出境入境的；

（二）冒用他人出境入境证件出境入境的；

（三）逃避出境入境边防检查的；

（四）以其他方式非法出境入境的。

第七十二条 协助他人非法出境入境的，处二千元以上一万元以下罚款；情节严重的，处十日以上十五日以下拘留，并处五千元以上二万元以下罚款，有违法所得的，没收违法所得。

单位有前款行为的，处一万元以上五万元以下罚款，有违法所得的，没收违法所得，并对其直接负责的主管人员和其他直接责任人员依照前款规定予以处罚。

第七十三条 弄虚作假骗取签证、停留居留证件等出境入境证件的，处二千元以上五千元以下罚款；情节严重的，处十日以上十五日以下拘留，并处五千元以上二万元以下罚款。

单位有前款行为的，处一万元以上五万元以下罚款，并对其直接负责的主管人员和其他直接责任人员依照前款规定予以处罚。

第七十四条 违反本法规定，为外国人出具邀请函件或者其他申请材料的，处五千元以上一万元以下罚款，有违法所得的，没收违法所得，并责令其承担所邀请外国人的出境费用。

单位有前款行为的，处一万元以上五万元以下罚款，有违法所得的，没收违法所得，并责令其承担所邀请外国人的出境费用，对其直接负责的主管人员和其他直接责任人员依照前款规定予以处罚。

第七十五条 中国公民出境后非法前往其他国家或者地区被遣返的，出入境边防检查机关应当收缴其出境入境证件，出境入境证件签发机关自其被遣返之日起六个月至三年以内不予签发出境入境证件。

第七十六条 有下列情形之一的，给予警告，可以并处二千元以下罚款：

（一）外国人拒不接受公安机关查验其出境入境证件的；

（二）外国人拒不交验居留证件的；

（三）未按照规定办理外国人出生登记、死亡申报的；

（四）外国人居留证件登记事项发生变更，未按照规定办理变更的；

（五）在中国境内的外国人冒用他人出境入境证件的；

（六）未按照本法第三十九条第二款规定办理登记的。

旅馆未按照规定办理外国人住宿登记的，依照《中华人民共和国治安管理处罚法》的有关规定予以处罚；未按照规定向公安机关报送外国人住宿登记信息的，给予警告；情节严重的，处一千元以上五千元以下罚款。

第七十七条 外国人未经批准，擅自进入限制外国人进入的区域，责令立即离开；情节严重的，处五日以上十日以下拘留。对外国人非法获取的文字记录、音像资料、电子数据和其他物品，予以收缴或者销毁，所用工具予以收缴。

外国人、外国机构违反本法规定，拒不执行公安机关、国家安全机关限期迁离决定的，给予警告并强制迁离；情节严重的，对有关责任人员处五日以上十五日以下拘留。

第七十八条 外国人非法居留的，给予警告；情节严重的，处每非法居留一日五百元，总额不超过一万元的罚款或者五日以上十五日以下拘留。

因监护人或者其他负有监护责任的人未尽到监护义务，致使未满十六周岁的外国人非法居留的，对监护人或者其他负有监护责任的人给予警告，可以并处一千元以下罚款。

第七十九条 容留、藏匿非法入境、非法居留的外国人，协助非法入境、非法居留的外国人逃避检查，或者为非法居留的外国人违法提供出境入境证件的，处二千元以上一万元以下罚款；情节严重的，处五日以上十五日以下拘留，并处五千元以上二万元以下罚款，有违法所得的，没收违法所得。

单位有前款行为的，处一万元以上五万元以下罚款，有违法所得的，没收违法所得，并对其直接负责的主管人员和其他直接责任人员依照前款规定予以处罚。

第八十条 外国人非法就业的，处五千元以上二万元以下罚款；情节严重的，处五日以上十五日以下拘留，并处五千元以上二万元以下罚款。

介绍外国人非法就业的，对个人处每非法介绍一人五千元，总额不超过五万元的罚款；对单位处每非法介绍一人五千元，总额不超过十万元的罚款；有违法所得的，没收违法所得。

非法聘用外国人的，处每非法聘用一人一万元，总额不超过十万元的罚款；有违法所得的，没收违法所得。

第八十一条 外国人从事与停留居留事由不相符的活动，或者有其他违反中国法律、法规规定，不适宜在中国境内继续停留居留情形的，可以处限期出境。

外国人违反本法规定，情节严重，尚不构成犯罪的，公安部可以处驱逐出境。公安部的处罚决定为最终决定。

被驱逐出境的外国人，自被驱逐出境之日起十年内不准入境。

第八十二条 有下列情形之一的，给予警告，可以并处二千元以下罚款：

（一）扰乱口岸限定区域管理秩序的；

（二）外国船员及其随行家属未办理临时入境手续登陆的；

（三）未办理登轮证件上下外国船舶的。

违反前款第一项规定，情节严重的，可以并处五日以上十日以下拘留。

第八十三条 交通运输工具有下列情形之一的，对其负责人处五千元以上五万元以下罚款：

（一）未经查验准许擅自出境入境或者未经批准擅自改变出境入境口岸的；

（二）未按照规定如实申报员工、旅客、货物或者物品等信息，或者拒绝协助出境入境边防检查的；

（三）违反出境入境边防检查规定上下人员、装卸货物或者物品的。

出境入境交通运输工具载运不准出境入境人员出境入境的，处每载运一人五千元以上一万元以下罚款。交通运输工具负责人证明其已经采取合理预防措施的，可以减轻或者免予处罚。

第八十四条 交通运输工具有下列情形之一的，对其负责人处二千元以上二万元以下罚款：

（一）中国或者外国船舶未经批准擅自搭靠外国船舶的；

（二）外国船舶、航空器在中国境内未按照规定的路线、航线行驶的；

（三）出境入境的船舶、航空器违反规定驶入对外开放口岸以外地区的。

第八十五条 履行出境入境管理职责的工作人员，有下列行为之一的，依法给予处分：

（一）违反法律、行政法规，为不符合规定条件的外国人签发签证、外国人停留居留证件等出境入境证件的；

（二）违反法律、行政法规，审核验放不符合规定条件的人员或者交通运输工具出境入境的；

（三）泄露在出境入境管理工作中知悉的个人信息，侵害当事人合法权益的；

（四）不按照规定将依法收取的费用、收缴的罚款及没收的违法所得、非法财物上缴国库的；

（五）私分、侵占、挪用罚没、扣押的款物或者收取的费用的；

（六）滥用职权、玩忽职守、徇私舞弊，不依法履行法定职责的其他行为。

第八十六条 对违反出境入境管理行为处五百元以下罚款的，出入境边防检查机关可以当场作出处罚决定。

第八十七条 对违反出境入境管理行为处罚款的，被处罚人应当自收到处罚决定书之日起十五日内，到指定的银行缴纳罚款。被处罚人在所在地没有固定住所，不当场收缴罚款事后难以执行或者在口岸向指定银行缴纳罚款确有困难的，可以当场收缴。

第八十八条 违反本法规定，构成犯罪的，依法追究刑事责任。

四、其他相关法律依据

（一）一般规定

《中华人民共和国人民警察法》

第六条 公安机关的人民警察按照职责分工，依法履行下列职责：

（一）预防、制止和侦查违法犯罪活动；

（二）维护社会治安秩序，制止危害社会治安秩序的行为；

（三）维护交通安全和交通秩序，处理交通事故；

（四）组织、实施消防工作，实行消防监督；

（五）管理枪支弹药、管制刀具和易燃易爆、剧毒、放射性等危险物品；

（六）对法律、法规规定的特种行业进行管理；

（七）警卫国家规定的特定人员，守卫重要的场所和设施；

（八）管理集会、游行、示威活动；

（九）管理户政、国籍、入境出境事务和外国人在中国境内居留、旅行的有关事务；

（十）维护国（边）境地区的治安秩序；

（十一）对被判处管制、拘役、剥夺政治权利的罪犯和监外执行的罪犯执行刑罚，对被宣告缓刑、假释的罪犯实行监督、考察；

（十二）监督管理计算机信息系统的安全保护工作；

（十三）指导和监督国家机关、社会团体、企业事业组织和重点建设工程的治安保卫工作，指导治安保卫委员会等群众性组织的治安防范工作；

（十四）法律、法规规定的其他职责。

第九条 为维护社会治安秩序，公安机关的人民警察对有违法犯罪嫌疑的人员，经出示相应证件，可以当场盘问、检查；经盘问、检查，有下列情形之一的，可以将其带至公安机关，经该公安机关批准，对其继续盘问：

（一）被指控有犯罪行为的；

（二）有现场作案嫌疑的；

（三）有作案嫌疑身份不明的；

（四）携带的物品有可能是赃物的。

对被盘问人的留置时间自带至公安机关之时起不超过二十四小时，在特殊情况下，经县级以上公安机关批准，可以延长至四十八小时，并应当留有盘问记录。对于批准继续盘问的，应当立即通知其家属或者其所在单位。对于不批准继续盘问的，应当立即释放被盘问人。

经继续盘问，公安机关认为对被盘问人需要依法采取拘留或者其他强制措施的，应当在前款规定的期间作出决定；在前款规定的期间不能作出上述决定的，应当立即释放被盘问人。

（二）权利救济

1.**《中华人民共和国行政诉讼法》**

第九十八条 外国人、无国籍人、外国组织在中华人民共和国进行行政诉讼，适用本法。法律另有规定的除外。

第九十九条 外国人、无国籍人、外国组织在中华人民共和国进行行政诉讼，同中华人民共和国公民、组织有同等的诉讼权利和义务。

外国法院对中华人民共和国公民、组织的行政诉讼权利加以限制的，人民法院对该国公民、组织的行政诉讼权利，实行对等原则。

第一百条 外国人、无国籍人、外国组织在中华人民共和国进行行政诉讼，委托律师代理诉讼的，应当委托中华人民共和国律师机构的律师。

2. **《中华人民共和国出境入境管理法》**

第六十四条 外国人对依照本法规定对其实施的继续盘问、拘留审查、限制活动范围、遣送出境措施不服的，可以依法申请行政复议，该行政复议决定为最终决定。

其他境外人员对依照本法规定对其实施的遣送出境措施不服，申请行政复议的，适用前款规定。

3. **《公安机关办理刑事案件程序规定》**

第三百五十九条 外国籍犯罪嫌疑人委托辩护人的，应当委托在中华人民共和国的律师事务所执业的律师。

4. **《公安机关办理行政案件程序规定》**

第二百二十三条 外国人对继续盘问、拘留审查、限制活动范围、遣送出境措施不服的，可以依法申请行政复议，该行政复议决定为最终决定。

其他境外人员对遣送出境措施不服，申请行政复议的，适用前款规定。

第三部分　外国人身份证件识别与居停留管理

一、外国人身份证件识别

（一）外国人国际旅行证件

外国人持用的常见国际旅行证件有外交护照、公务护照、普通护照、联合国通行证、海员证件、临时旅行证件等。

1. 外交护照

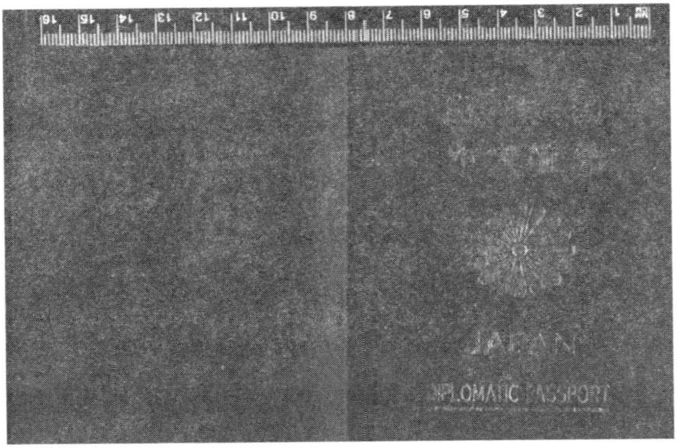

日本外交护照封面

2. 公务护照

日本公务护照封面

3. 普通护照

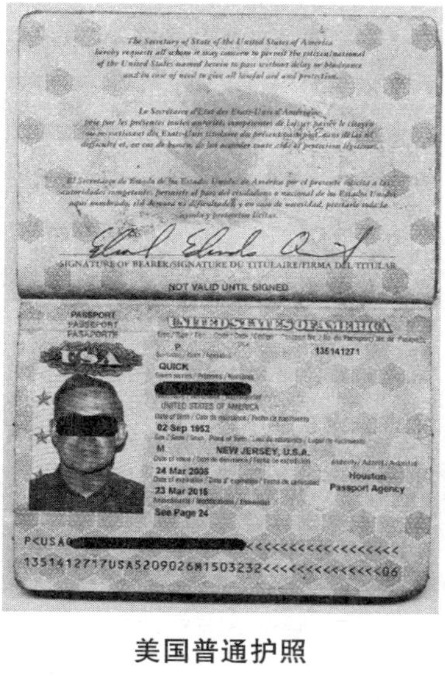

美国普通护照

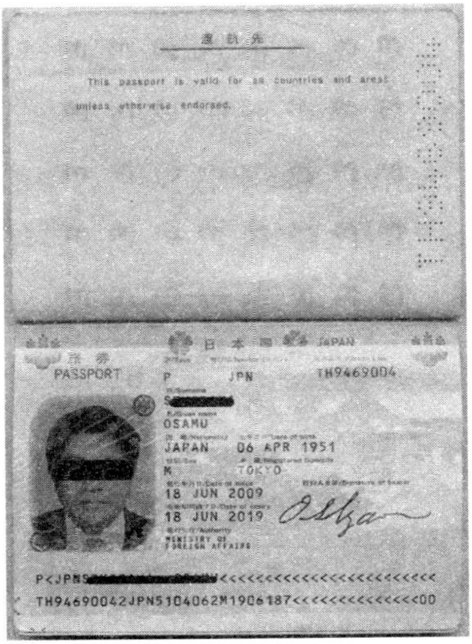

日本普通护照

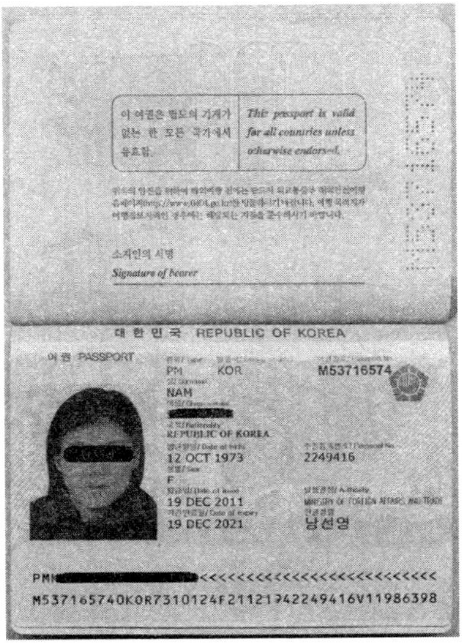

韩国普通护照

4. 联合国通行证

5. 海员证件

6. 临时旅行证件

回美证

日本回国证明（渡航书）

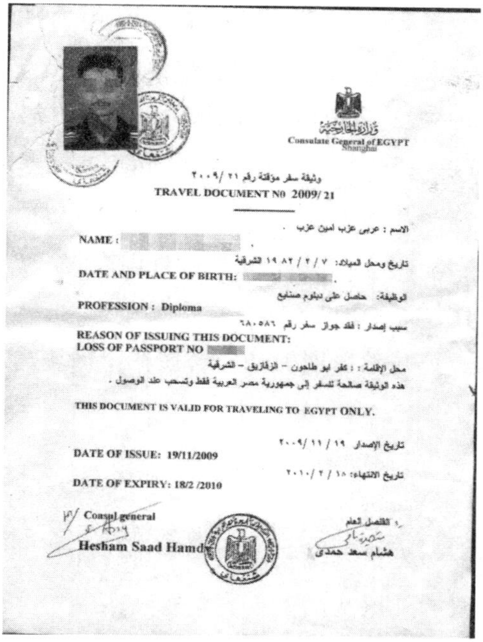

Consulate General of EGYPT
Shanghai

وثيقة سفر مؤقتة رقم ٢١ /٢٠٠٩

TRAVEL DOCUMENT N0 2009/ 21

الاسم : عربى عزب امين عزب .

NAME : [redacted] .

تاريخ ومحل الميلاد: ٧ / ٢ / ٨٢ ١٩ الشرقية

DATE AND PLACE OF BIRTH: [redacted] .

الوظيفة: حاصل على دبلوم صنايع

PROFESSION : Diploma

سبب إصدار : فقد جواز سفر رقم ٦٨٠٥٨٦

REASON OF ISSUING THIS DOCUMENT:
LOSS OF PASSPORT NO [redacted]

محل الإقامة : : كفر ابو طاحون - الزقازيق - الشرقية

هذه الوثيقة صالحة للسفر إلى جمهورية مصر العربية فقط وتسحب عند الوصول .

THIS DOCUMENT IS VALID FOR TRAVELING TO EGYPT ONLY.

تاريخ الإصدار ١٩ / ١١ /٢٠٠٩

DATE OF ISSUE: 19/11/2009

تاريخ الانتهاء: ١٨ / ٢ /٢٠١٠

DATE OF EXPIRY: 18/2 /2010

Consul general
Hesham Saad Hamdy

القنصل العام
هشام سعد حمدى

埃及回国证明

（二）外国人签证

2013 年 9 月 1 日起，外国人签证种类由原来的 8 类 9 种扩展到 12 类 16 种。交替过渡期间，新、老签证并存使用。新的外国人签证种类如下：

C 签证——发给执行乘务、航空、航运任务的国际列车乘务员、国际航空器机组人员、国际航行船舶的船员及船员随行家属和从事国际道路运输的汽车驾驶员

D 签证——发给入境永久居留的人员

F 签证——发给从事交流、访问、考察等活动的人员

G 签证——发给经中国过境的人员

J1 签证——发给外国常驻中国新闻机构的外国常驻记者

J2 签证——发给进行短期采访报道的外国记者

L 签证——发给入境旅游的人员

M 签证——发给进行商业贸易活动的人员

Q1 签证——发给因家庭团聚申请入境居留的中国公民的家庭成员、具有中国永久居留资格的外国人的家庭成员、因寄养等原因申请入境居留的人员

Q2 签证——发给短期探亲的居住在中国境内的中国公民的亲属和具有中国永久居留资格的外国人的亲属

R 签证——发给国家需要的外国高层次人才和急需紧缺专门人才

S1 签证——发给入境长期探亲的因工作、学习等事由在中国境内居留的外国人的配偶、父母、未满 18 周岁的子女、配偶的父母，以及因其他私人事务需要在中国境内居留的人员

S2 签证——发给入境短期探亲的因工作、学习等事由在中国境内停留居留的外国人的家庭成员，以及因其他私人事务需要在中国境内停留的人员

X1 签证——发给在中国境内长期学习的人员

X2 签证——发给在中国境内短期学习的人员

Z 签证——发给在中国境内工作的人员

L 签证样张

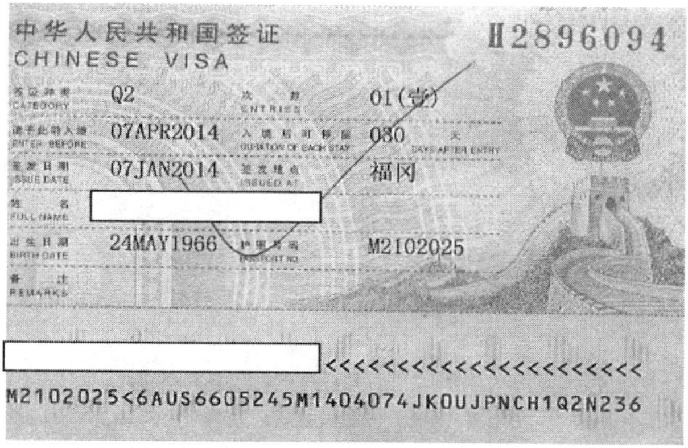

Q2 签证样张

（三）外国人居留许可

自 2013 年 9 月 1 日起，外国人居留许可的事由分为 5 种。交替过渡期间，新、旧居留许可种类并存使用。新的外国人居留许可事由如下：

工作——发给在中国境内工作的人员（原就业、任职类）

学习——发给在中国境内长期学习的人员

记者——发给外国常驻中国新闻机构的外国常驻记者

团聚——发给因家庭团聚需要在中国境内居留的中国公民的家庭成员、具有中国永久居留资格的外国人的家庭成员、因寄养等原因需要在中国境内居留的人员（原探亲、赡养、投靠、寄养类）

私人事务——发给长期探亲的因工作、学习等事由在中国境内居留的外国人的配偶、父母、未满 18 周岁的子女、配偶的父母，以及因其他私人事务（如购房）需要在中国境内居留的人员（原就业者家属、任职者家属、记者家属、置房类）

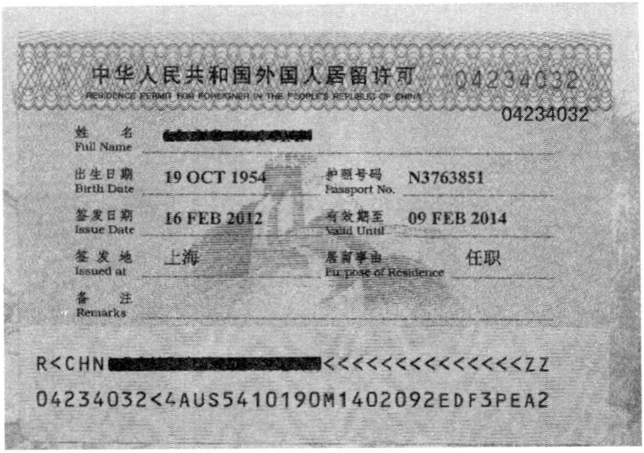

旧的外国人居留许可（任职类）

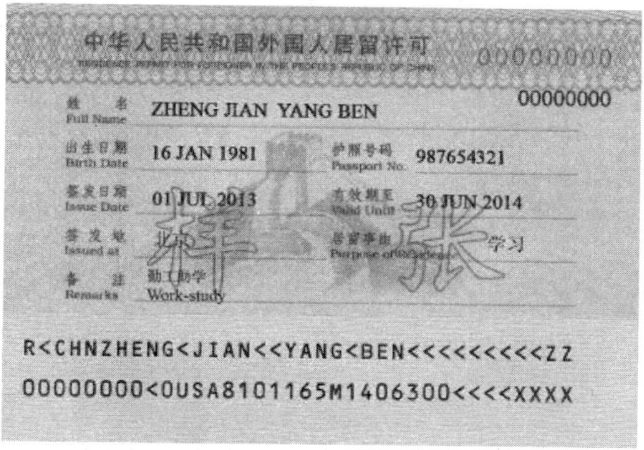

新的外国人居留许可（学习类）

（四）外国人停留证件

免办签证入境的外国人需要超过免签期限在中国境内停留的，外国船员及其随行家属在中国境内停留需要离开港口所在城市，或者具有需要办理外国人停留证件其他情形的，应当按照规定办理外国人停留证件。外国人停留证件的有效期最长为 180 日。

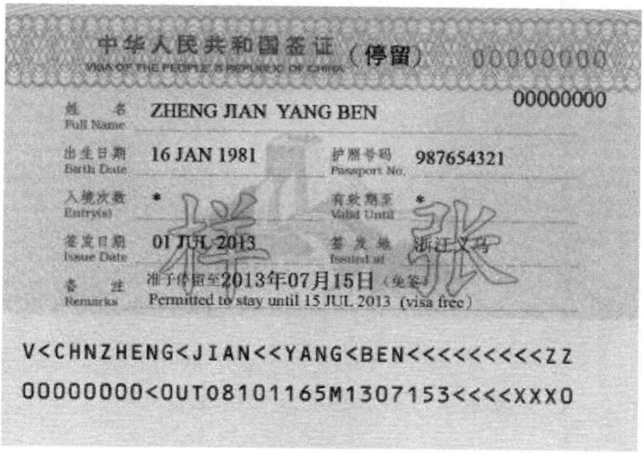

外国人停留证件

（五）外国人永久居留身份证（原外国人永久居留证）

取得在华永久居留资格的外国人，可凭本人的护照和永久居留证件出境入境，可凭永久居留证件在中国境内居留。永久居留身份证的有效期分为10年（发给18周岁以上外国人）和5年（发给18周岁以下外国人）两种。

外国人永久居留身份证

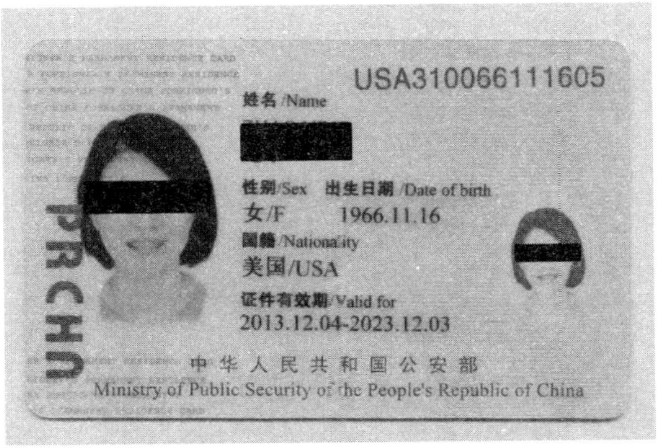

外国人永久居留证（已停止签发）

（六）外国人免签入境、过境

1. 免签入境

外国人常见的免签入境情形有以下几种：

· 根据中国政府与其他国家政府签订的互免签证协议，属于免办签证人员的（注：通常持有外交、公务、因公普通护照免签入境停留 30 天）；

· 持联程客票搭乘国际航行的航空器、船舶、列车从中国过境前往第三国或者地区，在中国境内停留不超过 24 小时且不离开口岸，或在国务院批准的特定区域内停留不超过规定时限的；

· 持普通护照的日本、新加坡、文莱等三国人员可免签入境停留 15 天；

· 持普通护照及有效 APEC 商务旅行卡的人员可免签入境停留 60 天。

APEC 商务旅行卡

免签入境的外国人护照上无有效的入境签证或居留许可，仅加盖入境验讫章。

入境验讫章

2. 外国人 144 小时过境免签入境

部分符合 144 小时过境免签范围国家的外国人，定妥联程客票后可从上海所有口岸、江苏南京禄口国际机场口岸、浙江杭州萧山国际机场口岸入境，在上海、江苏、浙江行政区域内停留不超过 144 小时，并可从上述任一口岸离境，前往第三国（地区）。

144 小时过境免签入境许可章

144 小时过境免签入境国家一览表：

（1）欧洲申根签证协议国家（24 个）

奥地利、比利时、捷克、丹麦、爱沙尼亚、芬兰、法国、德国、希腊、匈牙利、冰岛、意大利、拉脱维亚、立陶宛、卢森堡、马耳他、荷兰、波兰、葡萄牙、斯洛伐克、斯洛文尼亚、西班牙、瑞典、瑞士。

（2）欧洲其他国家（13 个）

俄罗斯、英国、爱尔兰、塞浦路斯、保加利亚、罗马尼亚、乌克兰、塞尔维亚、克罗地亚、波黑、黑山、马其顿、阿尔巴尼亚。

（3）美洲国家（6 个）

美国、加拿大、巴西、墨西哥、阿根廷、智利。

（4）大洋洲国家（2 个）

澳大利亚、新西兰。

（5）亚洲国家（6 个）

韩国、日本、新加坡、文莱、阿联酋、卡塔尔。

3. 邮轮免签

自 2016 年 10 月 1 日起，在上海邮轮口岸对乘坐邮轮抵达上海的外国旅游团试点实施 15 天入境免签政策。外国旅游团（2 人及以上），可由我境内合法注册的旅行社组织、接待并负责安排从上海邮轮口岸免办签证整团入境。活动范围限定在沿海省份和北京市，即上海市、辽宁省、河北省、天津市、山东省、江苏省、浙江省、福建省、广东省、广西壮族自治区、海南省内的邮轮停泊港口所在城市及其周边城市行政区域内

（含北京市，并不得超出上述省份行政区域）。整团活动不超过 15 天，并随邮轮整团出境。

（七）外国人申请签证或居停留证件受理回执

外国人申请签证或居停留证件，所持国际旅行证件因办理签证或居停留证件被收存期间，可凭受理回执在中国境内合法停留或居留。

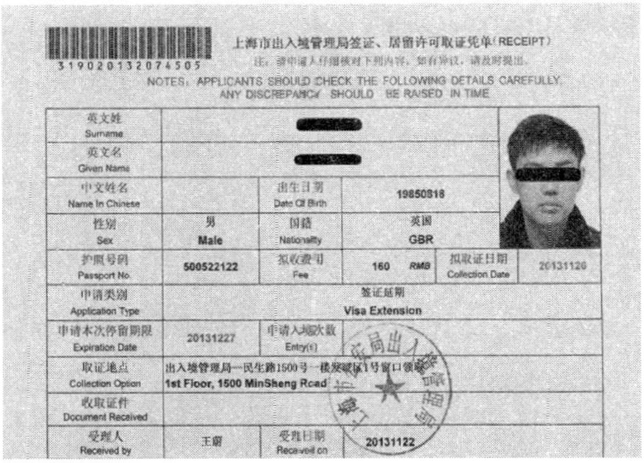

319020132074505

上海市出入境管理局签证、居留许可取证凭单（RECEIPT）

注：请申请人仔细核对下列内容，如有异议，请及时提出。

NOTES: APPLICANTS SHOULD CHECK THE FOLLOWING DETAILS CAREFULLY, ANY DISCREPANCY SHOULD BE RAISED IN TIME

英文姓 Surname	[redacted]				
英文名 Given Name	[redacted]				
中文姓名 Name In Chinese		出生日期 Date Of Birth	19850816		
性别 Sex	男 Male	国籍 Nationality	英国 GBR		
护照号码 Passport No.	500522122	拟收费用 Fee	160 RMB	拟取证日期 Collection Date	20131126
申请类别 Application Type	签证延期 Visa Extension				
申请本次停留期限 Expiration Date	20131227	申请入境次数 Entry(s)			
取证地点 Collection Option	出入境管理局—民生路1500号一楼发证区1号窗口领取 1st Floor, 1500 MinSheng Road				
收取证件 Document Received					
受理人 Received by	王蔚	受理日期 Received on	20131122		

受理回执

（八）外国人护照报失证明

外国人护照丢失，在申请办理了《护照报失证明》后，应在 30 日内补办新护照或其他相关旅行证件并申请签证。期间，《护照报失证明》可作为外国人临时的身份证明。

№ 0901932

护 照 报 失 证 明

CONFIRMATION OF REPORTING THE LOSS OF PASSPORT

姓名 Name in Full______ 性别 Sex______ 出生日期 Date of Birth______ 国籍 Nationality______

于 年 月 日向我局报告他(她)的护照(号码:
Reported at our bureau on (Date)______ that his/her passport (No.______

于 年 月 日在 (地点)丢失。
Was lost on (Date)______ at(where)______

盖章:
STAMP:

日期
DATE:

外国人护照报失证明

(九) 领馆人员及其家属身份证件

领馆官员、行政技术人员、服务人员及随任亲属到任后，须向市政府外办申请办理领馆人员身份证。常见的领馆人员身份证有：

1. 领馆人员身份证（灰色）：发给领事官员及其配偶和未成年子女。样式如下图：

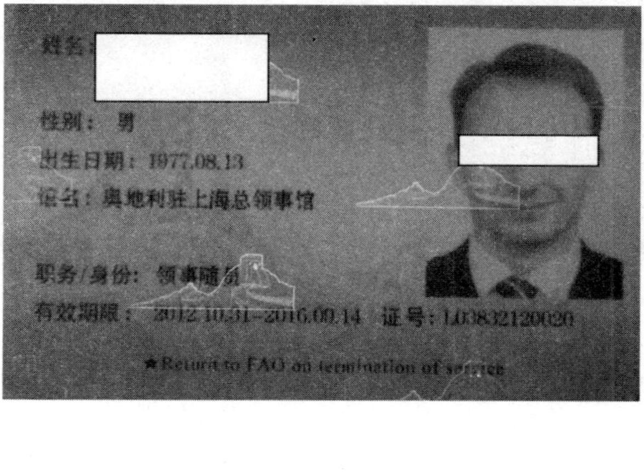

2. 领馆人员身份证（蓝色）：发给行政技术人员、服务人员及其配偶和未成年子女。样式如下图：

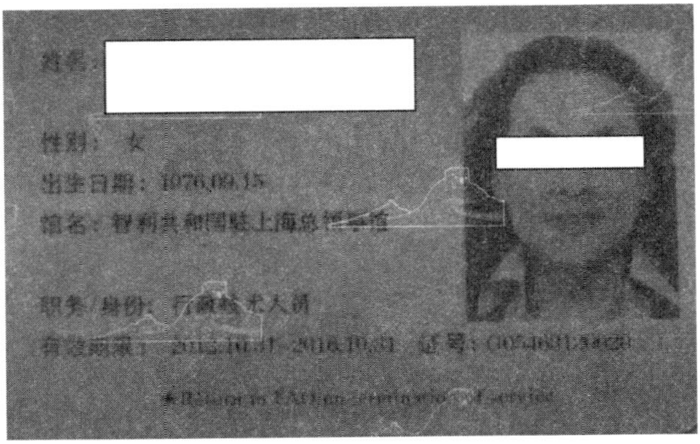

3. 名誉领事身份证：发给名誉领事本人。

4. 居留许可证：发给与领馆人员共同生活的随任成年子女、父母、岳父母和非直系亲属。样式如下图：

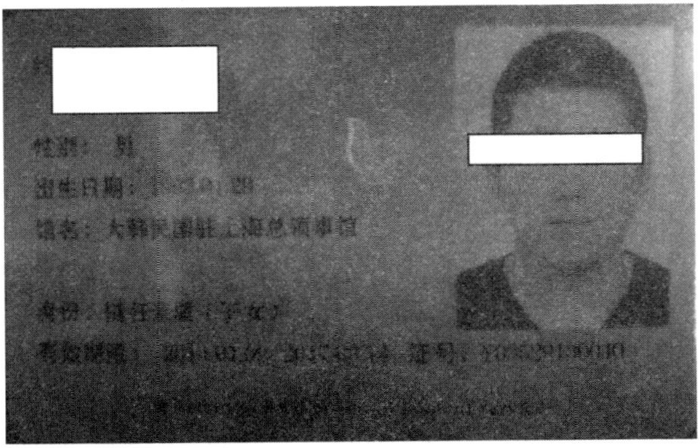

二、外国人居停留管理

（一）外国人签证、居停留证件有效期识别

外国人签证、居停留证件有效期识别主要涉及三个要素：①入境有效期；②每次停留天数；③本次入境准予停留期。因签证、居停留证件的签发机关不同，三个要素的识别要根据具体情况而定。

1. 境外（驻外使领馆）签发签证有效期识别

境外（驻外使领馆）签发的签证，本次入境准予停留期的计算方法是按入境日期次日起根据注明的每次入境停留天数计算。

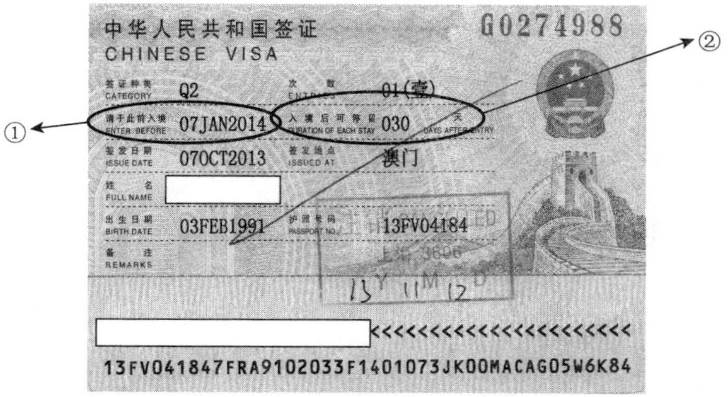

2. 境内（公安机关）签发签证、居停留证件有效期识别

（1）境内换发签证（一次、二次或多次入境）

该签证签发后，如持证人未出境，本次入境准予停留期以“备注”中注明的“准予本次停留至”为准；如持证人出境后仍持该签证再次入境，本次入境准予停留期的计算以入境日期次日起根据每次准予停留天数计算。

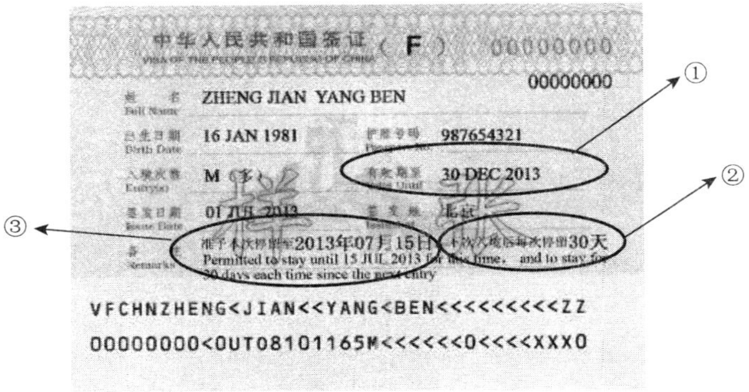

（2）境内换发签证（0 次入境）

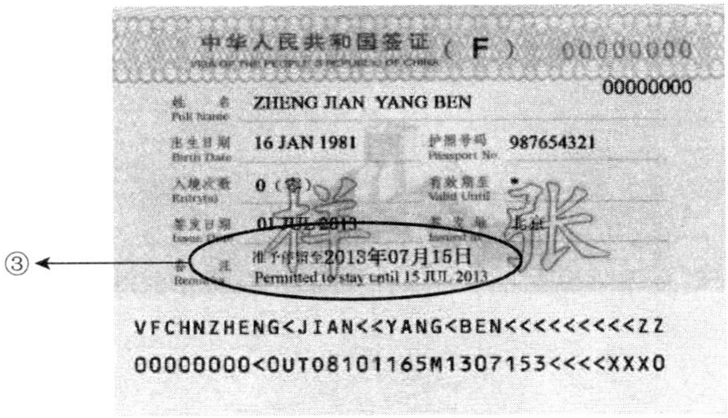

（3）口岸签证

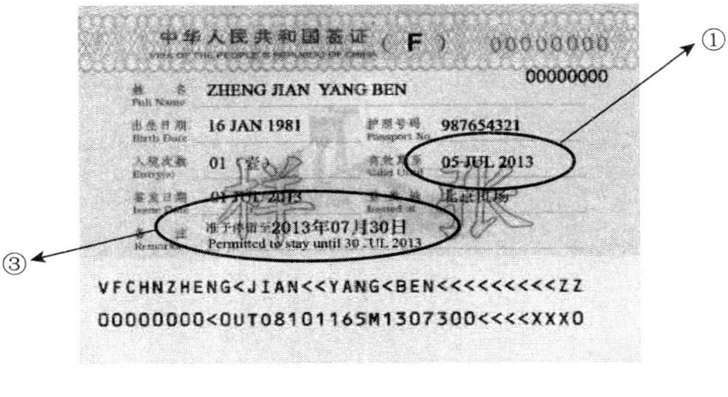

（4）签证延期

入境有效期及每次停留天数以被延期后的签证信息为准。

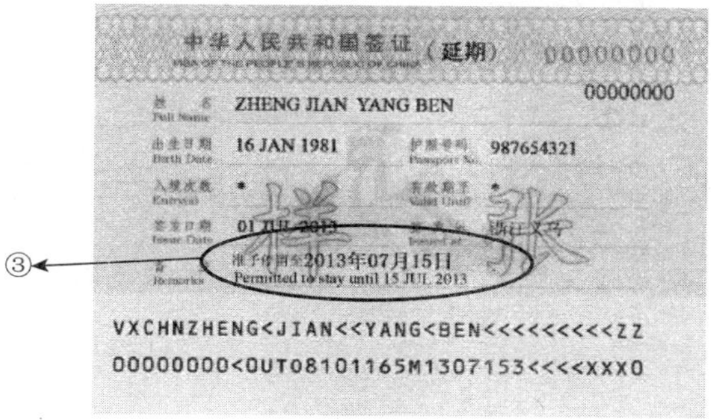

中华人民共和国签证（延期） 00000000
VISA OF THE PEOPLE'S REPUBLIC OF CHINA
00000000
姓名 Full Name ZHENG JIAN YANG BEN
出生日期 Birth Date 16 JAN 1981 护照号码 Passport No. 987654321
入境次数 Entry(s) * 有效期至 Valid Until *
签发日期 Issue Date 01 JUL 2013 签发地 Issued at 浙江义乌
备注 Remarks 准予停留至2013年07月15日 Permitted to stay until 15 JUL 2013

VXCHNZHENG<JIAN<<YANG<BEN<<<<<<<<<<ZZ
00000000<OUT08101165M1307153<<<<XXX0

（5）停留证件

中华人民共和国签证（停留） 00000000
VISA OF THE PEOPLE'S REPUBLIC OF CHINA
00000000
姓名 Full Name ZHENG JIAN YANG BEN
出生日期 Birth Date 16 JAN 1981 护照号码 Passport No. 987654321
入境次数 Entry(s) * 有效期至 Valid Until *
签发日期 Issue Date 01 JUL 2013 签发地 Issued at 浙江义乌
备注 Remarks 准予停留至2013年07月15日（免签） Permitted to stay until 15 JUL 2013 (visa free)

V<CHNZHENG<JIAN<<YANG<BEN<<<<<<<<<<ZZ
00000000<OUT08101165M1307153<<<<XXX0

（6）居留证件（居留许可）

3. **免签入境外国人停留期识别**

（1）3 国公民免签入境

持普通护照来华的日本、文莱、新加坡三国公民可享受 15 天免签待遇，享受免签待遇的“每次停留天数”为 15 天，本次入境准予停留期从入境当日起根据免签天数（15 天）计算。

（2）144 小时过境免签入境

部分符合 144 小时过境免签范围国家的外国人，定妥联程客票后可从上海所有口岸、江苏南京禄口国际机场口岸、浙江杭州萧山国际机场口岸入境，在上海、江苏、浙江行政区域内停留不超过 144 小时，并可从上述任一口岸离境，前往第三国（地区）。享受 144 小时过境免签政策入境的外国人，本次入境准予停留期为从入境次日算起的第六日。

临时入境许可章样式

（二）外国人临时住宿登记管理

1. 外国人办理住宿登记法律依据

《中华人民共和国出境入境管理法》第三十九条规定：

“外国人在中国境内旅馆住宿的，旅馆应当按照旅馆业治安管理的有关规定为其办理住宿登记，并向所在地公安机关报送外国人住宿登记信息。”

“外国人在旅馆以外的其他住所居住或者住宿的，应当在入住后二十四小时内由本人或者留宿人，向居住地的公安机关办理登记。”

2. 对违反外国人办理住宿登记的处罚依据

《中华人民共和国出境入境管理法》第七十六条第一款第（六）项规定：“未按照本法第三十九条第二款规定办理登记的”，“给予警告，可以并处二千元以下罚款。”

《中华人民共和国出境入境管理法》第七十六条第二款规

定："旅馆未按照规定办理外国人住宿登记的，依照《中华人民共和国治安管理处罚法》的有关规定予以处罚；未按照规定向公安机关报送外国人住宿登记信息的，给予警告；情节严重的，处一千元以上五千元以下罚款。"

3. 临时住宿登记单

外国人在宾旅馆或宾旅馆以外场所居住的，办理住宿登记后分别由宾旅馆或派出所出具境外人员临时住宿登记单。

境外人员临时住宿登记单

REGISTRATION FORM OF TEMPORARY RESIDENCE

编号:

英文姓 Surname in English		英文名 Name in English	
中文姓名 Name in Chinese		出生日期 Date of Birth	年　月　日 (YY) (MM) (DD)
性别 Sex	男 (M) ○ 女 (F) ○	国家或地区 Country or Region	
抵住宿地日期 Date of Arrival at Present Residence	年　月　日 (YY) (MM) (DD)		
上海住址 Address in Shanghai			
	证件种类 Type of Travel Document	证件号码 No. of Travel Document	
外国人 Foreigners			
台湾居民 TaiWan Residents			
华侨、港澳居民 Oversea Chinese HongKong& Macao Residents			
国内邀请人或本人联系电话 Telephone Number of			

填表日期:　　年 (YY)　　月 (MM)　　日 (DD)

派出所盖章
Police Stamp

上海市公安局出入境管理局监制

派出所开具的临时住宿登记单样张

境外人员临时住宿登记单

REGISTRATION FORM OF TEMPORARY RESIDENCE

编号：

英文姓 Surname in English		英文名 Name in English	
中文姓名 Name in Chinese		出生日期 Date of Birth	年　月　日 (YY)(MM)(DD)
性别 Sex	男（M）○ 女（F）○	国家或地区 Country or Region	
抵住宿地日期 Date of Arrival at Present Residence	年　月　日 (YY)(MM)(DD)	房号 Room No.	
	证件种类 Type of Travel Document	证件号码 No. of Travel Document	
外国人 Foreigners			
台湾居民 TaiWan Residents			
华侨、港澳居民 Oversea Chinese HongKong& Macao Residents			
国内邀请人或本人联系电话 Telephone Number of			

填表日期：　　年（YY）　　月（MM）　　日（DD）

旅馆业单位盖章

Hotel Stamp

上海市公安局出入境管理局监制

Supervised by Bureau of Exit-Entry A dministration

Shanghai Municipal Public Security Bureau

宾旅馆开具的临时住宿登记单样张

附 录

一、外交特权、领事特权与豁免

（一）外交特权与豁免

外交特权，是指一国派驻外国的外交代表、外交代表机关和其他外交人员，按照国际法或者有关协议，由驻在国给予的特别权力和待遇。外交豁免，是指一国派驻外国的外交代表和其他外交人员对驻在国刑事、行政和民事诉讼的免除。因为外交代表享受豁免是一种特权，所以外交特权与豁免又常被简称为外交特权。根据 1961 年联合国通过的《维也纳外交关系公约》和 1975 年我国制定的《外交特权与豁免条例》的规定，外交代表是指一国政府派往他国和国际组织的代表，包括使馆馆长和其他外交人员，如参赞，一、二、三等秘书，各种专员，海、陆、空武官等。外交代表机关，是一国派往他国的官方代表机构，一般来说，两国建交后，建交双方会相互在对方的首都设立与外交代表等级相应的外交代表机关。外交代表机关一般分为大使馆、公使馆、代办处。除了常驻的外交代表机关外，还有临时性的外交代表机关，如临时性的外交使团。根据国际法的规定，一国国家元首、政府首脑、外交部长在外国时，也享有全部外交特权与豁免。

1. 外交代表的特权与豁免

外交代表包括使馆馆长和其他有外交级别的人员。其特权主要有：

（1）人身不可侵犯

外交代表不受任何方式的逮捕或拘禁。接受国对外交代表应给予应有的尊重，应采取适当措施使其人身、自由或尊严不受任何侵犯。但在外交代表进行间谍活动、闯入禁区时，可以采取临时性预防措施加以制止；遇到外交代表行凶、挑衅，可以实行正当防卫。

（2）寓所和财产不受侵犯

外交代表的私人寓所享有与使馆馆舍同样的不可侵犯权和保护。外交人员的文书、信件及财产不可侵犯。

（3）管辖豁免

外交代表对接受国的刑事管辖享有豁免，外交代表对接受国的民事和行政管辖除下列情形外也享有豁免：一是在接受国境内私有不动产之物权诉讼；二是以私人身份并不代表派遣国而为遗嘱执行人、遗产管理人、继承人或受遗赠人的继承事件之诉讼；三是在接受国内在公务范围以外所从事的专业或商务活动之诉讼。此外，外交代表若主动提起诉讼，按惯例，被告提起与主诉直接相关的反诉，外交代表不享有豁免。外交代表的管辖豁免可以由派遣国明示放弃，对外交代表原则上不得采取执行措施。

（4）免纳捐税

外交代表免缴对人或物课征的税款，但通常计入商品或劳务中的间接税除外。对在接受国境内私有不动产课征的捐税、遗产取得税或继承税，对在接受国内获得的私人所得、商业投资课征的捐税等不包括在免纳税款之列。

（5）免除关税、行李免受检查

外交代表私人财物和用品应准予入境并免除关税。在确保该规则得以实行的前提下，接受国通常会制定有关法律对上述进口物品的数量、品种、出售、转让等作出一定限制。外交代表私人行李免受查验，但有重大理由推定其中装有不在免税之列或禁止进出口或有检疫条例加以管制的物品，接受国认为有必要时，在外交代表或其授权代理人在场的情况下可以进行查验。

（6）其他特权和豁免

外交代表还享有下列特权：免于适用接受国施行的社会保险办法；免除一切个人劳务和各种公共服务；免除关于征用和捐献等军事义务。

2. 其他人员的特权与豁免

除外交代表外，根据《维也纳外交关系公约》的规定，下列人员在不同程度上享有特权与豁免：一是外交代表的同户家属，如非接受国国民，享有全部外交特权与豁免；二是使馆行政技术职员及其家属，如非接受国国民且不在该国永久居住，除民事与行政管辖豁免不适用于执行公务以外的行为，其关税特权仅限于最初定居时所输入的物品外，享有与外交代表相同的特权与豁免；三是使馆事务职员，如非接受国国民且不在该国永久居住，其执行的公务行为享有豁免权，并免纳受雇所得报酬捐税等；四是使馆人员的私人仆役，如非接受国国民且不在该国永久居住也享有一定的待遇。

3. 外交特权与豁免的开始和终止

享有外交特权和豁免的人员，自其进入接受国国境就任之时起即享有外交特权和豁免，已在该国境内的，自其委派通知接受国外交部门之时开始享有。

享有外交特权和豁免的人员的职务如果终止，这种特权和豁免通常于该人离境之时或听任其离境的合理期间终了之时停止。而且，即使遇有武装冲突，也应继续有效至该时为止。对于以使馆人员资格执行职务的行为，豁免应始终有效。使馆人员死亡时，其家属应继续享有其所享有的特权和豁免，至听任其离境之合理期间终了之时为止。

（二）领事特权与豁免

所谓领事特权与豁免，是指为领事馆及其人员在接受国能够有效地执行领事职务而由接受国给予的特别权力和优惠待遇。领事关系公约规定，领事特权与豁免的目的不在于给予个人以利益，而在于确保领事机关能代表本国有效地执行职务。

根据1963年联合国通过的《维也纳领事关系公约》和1990年我国制定的《领事特权与豁免条例》，领事是一国为了实行其对外政策，经另一国同意派驻该国一定地点，以便在该国一定区域内执行领事职务的人员。领事职务主要包括：第一，在国际许可的限度内在接受国内保护派遣国及其国民（个人与法人）的利益，特别是监督有关条约的执行和保护侨民生命财产不受非法侵害；第二，加强本国与接受国间商业、经济、文化及科学关系的发展，并在其他方面促进两国间的友好关系；第三，以一切合法手段了解接受国商业、经济、文化及科学活动的状况及发展情况，并向本国政府报告；第四，给予本国侨民移民入境、本国船舶入港、航空器及其他人员所需要的协助和援助；第五，发放护照及旅行证件，发给签证或其他适当文件，办理公证、认证以及民事登记等行政事务。

依照《维也纳领事关系公约》规定，领事馆须经接受国同意在该国境内设立；领事馆的设立地点、类别及其辖区由派遣国决定，但须经接受国同意。公约还规定，领事馆分为四级：总领事馆、领事馆、副领事馆、领事代理处。相应地，领事馆馆长亦为四级。在实践中，并非每个国家都派遣或接受四级馆长，我国一般只接受前两级的领事馆。每个领事馆有一个执行领事职务的区域，称为领事辖区。一般情况下，领事辖区与驻在国的行政区划相一致。

按照该公约，领事馆人员分为领事官员、领事雇员和服务人员。领事官员是执行领事职务的人员，包括馆长。领事雇员即行政和技术人员。服务人员包括司机、传达员等，私人服务员不属此列。

1. 领事馆的特权与豁免

根据领事关系公约的规定，领事馆的特权与豁免包括：

（1）领事馆馆舍在一定限度内不受侵犯

接受国官员非经馆长或其指定人员或派遣国使馆馆长同意，不得进入领事馆馆舍专供领事馆工作之用的部分。接受国还负有特殊责任，采取一切适当措施保护领事馆馆舍不受侵犯或损害，并防止任何扰乱领事馆安宁或有损领事馆尊严的事件。此外，领事馆馆舍、设备、财产与交通工具，应免受征用。领事馆馆舍的不可侵犯与使馆馆舍相比要受一定的限制。这主要表现在：第一，不可侵犯的只是其公用部分，其余部分不在其内；第二，若领事馆遇火灾或其他灾害须迅速采取保护行动时，接受国可推定馆长同意进入领事馆；第三，接受国如确有必要，仍可给予处分，以及时有效的赔偿为条件征用馆舍及其设备、财产及交通工具。

（2）领事馆档案及文件不受侵犯

领事馆档案及文件不论何时何地，均不受侵犯。

（3）通讯自由

接受国应允许领事馆与派遣国政府、使馆和其他领事馆之间的自由通讯，包括外交和领事馆信差、外交和领事馆邮袋和明码电信等在内。领事馆的来往公文不受侵犯。领事馆的邮袋不得予以开拆和扣留，但若接受国主管当局有重大理由认为邮袋内装有公文文件及用品之外的物品时，得请派遣国授权代表一人在驻在国当局人员在场的情况下将邮袋开拆，否则，邮袋应退回到原发送地点。

（4）与派遣国国民通讯及联络

领事官员可自由与派遣国国民通讯及会见。

（5）行动自由

除接受国根据其国内法规定为国家安全设定的禁止或限制进入区域外，接受国应确保所有领事馆人员在其境内行动和旅行的自由。

（6）免纳捐税、关税

领事馆馆舍和馆长寓所，其所有权人或承租人是派遣国或代表派遣国的人员的，免纳国家、区域或地方性的一切捐税，但对提供的特定服务的收费不在其内。领事馆在接受国境内征收的领事馆办事规费与手续费及其收据，免纳一切捐税。领事馆公务用品准允入境并免除一切关税。

（7）使用国旗、国徽

领事馆馆舍及馆长寓所和在执行公务时所使用的交通工具，可悬挂派遣国国旗和展示国徽。

2. 领事官员及其他人员的特权与豁免

根据《维也纳领事关系公约》的规定，领事馆人员的特权与豁免有：

（1）一定限度的人身自由保护

接受国对于领事官员应表示适当尊重，并采取适当措施以防止其人身自由和尊严受到任何侵犯。但是，当领事官员犯有严重罪行时，依当地司法机关裁判，接受国可予以逮捕和对其人身自由加以限制。如对领事官员提起刑事诉讼，该官员须到管辖机关出庭，但应予以适当照顾。

（2）一定限度的管辖豁免

领事官员和领事雇员对其执行职务的行为，不受接受国司法或行政机关的管辖。但下列民事诉讼除外：一是因其并未明示或暗示以派遣国代表身份而订立契约所发生的诉讼；二是第三者因车辆、船舶或航空器在接受国内所造成的意外事故而要求损害赔偿的诉讼。

（3）一定限度的作证义务的免除

领事人员就其执行职务所涉及的事项，无担任作证或提供有关来往公文及文件的义务；有权拒绝以鉴定人身份就派遣国的法律提供证言。除上述情况外，领事馆人员不得拒绝作证。

（4）免纳捐税、关税和免受查验

领事官员及其雇员与其构成同户的家属免纳一切对人和对物课征的国家、区域和地方性捐税，但间接税、遗产税等不在此列。领事馆服务人员由于其服务而得的薪金，免纳捐税。领事官员或其同户家属的私人用品，包括初到任时定居所用的物品免纳关税，但消费用品不得超过有关人员本人直接需要的数量。领事雇员初到任时运入的物品，免纳关税。领事官员和其同户家属所携带的私人行李，免受查验，但在特殊情况下，接受国依一定程序可以查验。

（5）其他特权与豁免

免除接受国法律、规章规定的外国人登记和须办理居留许可的义务；免于适用社会保险办法和免除个人劳动及各种公共服务的义务。

上述特权与豁免不应适用于下列人员：一是在接受国境内从事私人有偿职业的领事馆雇员和服务人员；二是上述人员的家属和私人服务人员；三是领事馆人员家属在接受国内从事私

人有偿职业的。

二、对外国人采取强制措施后的领事通报与探视

所谓强制性通知，是对违法外国人采取限制人身自由强制措施后，公安机关无须询问涉案人意见，即通知涉案人国籍国驻华使领馆。非强制性通知，须询问涉案人意见，如其希望我通知，公安机关应予以通知。如其不希望通知，可不通知，但其应出具书面声明。

（一）强制通报国家名单（共 48 国）

亚洲：朝鲜、蒙古、日本、韩国、越南、老挝、巴基斯坦、印度、亚美尼亚、阿塞拜疆、格鲁吉亚、土库曼斯坦、吉尔吉斯斯坦、哈萨克斯坦、乌兹别克斯坦、土耳其、也门、伊拉克、柬埔寨、菲律宾

欧洲：俄罗斯、白俄罗斯、乌克兰、立陶宛、波兰、罗马尼亚、摩尔多瓦、保加利亚、匈牙利、捷克、斯洛伐克、马其顿、斯洛文尼亚、波黑、意大利、英国、法国、黑山、塞尔维亚

美洲：美国、加拿大、墨西哥、古巴、秘鲁、阿根廷、玻利维亚

大洋洲：新西兰

非洲：突尼斯

（二）中外领事条约（协定）和设领协议

有关采取强制措施的领事通报和探视时限一览表

（截至2017年4月1日）

序号	国家	通报时限	探视时限/次数
1	美国	最迟于4天内	最迟于采取措施之日起的2天后不应拒绝探视
2	马其顿	不迟延地	尽快
3	斯洛文尼亚	不迟延地	尽快
4	波黑	不迟延地	尽快
5	黑山	不迟延地	尽快
6	塞尔维亚	不迟延地	尽快
7	波兰	不得迟于第7天	通知之日起3天后不应拒绝探视/合理期限内可继续探视
8	朝鲜	7天内	通知后3日内安排/定期提供探视机会
9	匈牙利	最迟不超过7天	通知后最迟不超过3天做出安排/在合理期限内继续提供探视机会
10	意大利	7天内	通知后2日内作出安排/以后每月应提供不少于两次探视机会
11	蒙古	7天内	通知后3天内/合理期限内可继续探视
12	墨西哥	尽速通知	毫不延迟地提供便利
13	保加利亚	最晚不得迟于第7天	通知后3天内/可在合理期限内继续探视
14	捷克	最迟不得超过7天	领事官员提出探视之日起不得超过15天
15	斯洛伐克	最迟不得超过7天	领事官员提出探视之日起不得超过15天

续表

序号	国家	通报时限	探视时限/次数
16	土耳其	5 天内	采取措施后的 7 天内安排/合理期限内可继续探视
17	老挝	尽速	尽速安排
18	伊拉克	7 天内	尽快安排/第一次探视以后每月应通过正式途径提供不少于一次探视机会
19	也门	尽速，最迟于 7 天内	最迟于采取措施 14 天内安排/其后每月应提供不少于两次探视机会
20	古巴	最晚不得迟于第 4 天	最晚不得迟于通知后的第 3 天安排/其后每月应提供一次探视机会
21	阿根廷	4 天内	条约未明确规定，按惯例应尽快安排
22	罗马尼亚	最晚不得迟于第 4 天	最晚不得迟于提出要求后的第 3 天/在合理的期限内可再次探视
23	印度	尽速	尽速安排
24	突尼斯	6 天内	最迟于采取措施 12 天内安排
25	哈萨克斯坦	7 天内	通知后 3 日内安排
26	立陶宛	尽速	尽速安排
27	巴基斯坦	尽速	尽速安排
28	乌克兰	4 天内	通知后 3 日内安排
29	摩尔多瓦	4 天内	通知后 3 日内安排/在合理期限内继续提供探视机会
30	玻利维亚	尽速	尽速安排
31	土库曼斯坦	4 天内	通知后 3 日内安排/在合理期限内继续提供探视机会

续表

序号	国家	通报时限	探视时限/次数
32	白俄罗斯	4 天内	通知后 3 日内安排/在合理期限内继续提供探视机会
33	吉尔吉斯斯坦	4 个工作日内	通知后 3 个工作日内安排/不得少于 2 个月 1 次
34	阿塞拜疆	4 天内	通知后 3 日内安排/在合理期限内继续提供探视机会
35	秘鲁	尽速	尽速安排
36	乌兹别克斯坦	7 天内	通知后 3 日内安排/在合理期限内继续提供探视机会
37	亚美尼亚	4 天内	通知后 3 日内安排/在合理期限内继续提供探视机会
38	格鲁吉亚	尽快	通知后 3 日内安排/在合理期限内继续提供探视机会
39	克罗地亚	尽速（如派遣国国民明确反对则不适用）	尽速安排
40	加拿大	不延迟	最迟于通知之日起的 2 日后安排/两次探视之间的间隔不应超过 1 个月
41	越南	尽速	尽快安排
42	澳大利亚	3 日内（除非该国民明示请求不通知派遣国领馆）	通知后 2 日内/不得少于每月一次
43	俄罗斯	3 个工作日内	通知后 3 个工作日内安排

续表

序号	国家	通报时限	探视时限/次数
44	新西兰	3 天内	最迟于通知后 2 日内允许
45	日本	4 日内	不延迟地安排
46	菲律宾	4 日内	3 日内
47	柬埔寨	尽速通知	尽速安排
48	韩国	4 日内	4 日内
49	英国*	尽快，不迟于 7 天	2 天后/以后按不超过 1 个月的间隔重复探视
50	法国**	不延迟	最迟应于该公民个人自由受到限制后的第十四天准予探视

*《中华人民共和国政府和大不列颠及北爱尔兰联合王国政府关于在曼彻斯特设立中国总领事馆和在上海设立英国总领事馆的协议》中对领事通报及探视安排做出说明。

**《中华人民共和国政府和法兰西共和国政府关于设立领事机构的协议》（上海、马赛）中对领事通报及探视安排做出说明。

注：以上国家中除克罗地亚、澳大利亚外，均为强制性通知国家。

（该表由外交部领事司整理，有关内容请以相关协议文本为准）

三、未建交国代管馆名单（截至 2009 年 6 月 1 日）

序号	国家名称	代管机构
1	不丹	驻印度使馆
2	冈比亚	驻塞内加尔使馆
3	圣多美和普林西比	驻加蓬使馆
4	布基纳法索	驻科特迪瓦使馆
5	斯威士兰	驻南非使馆
6	帕劳	驻密克罗尼西亚使馆
7	图瓦卢	驻斐济使馆
8	所罗门群岛	驻巴布亚新几内亚使馆
9	马绍尔群岛	驻密克罗尼西亚使馆
10	基里巴斯	驻斐济使馆
11	瑙鲁	驻斐济使馆
12	多米尼亚	驻多米尼亚贸易发展办事处
13	海地	驻海地贸易发展办事处
14	巴拿马	驻巴拿马贸易发展办事处
15	危地马拉	驻哥斯达黎加发展办事处
16	萨尔瓦多	驻哥斯达黎加发展办事处
17	尼加拉瓜	驻哥斯达黎加发展办事处
18	洪都拉斯	驻哥斯达黎加发展办事处
19	巴拉圭	驻圣保罗总领馆
20	伯利兹	驻牙买加使馆
21	圣文森特和格林纳丁斯	驻巴巴多斯使馆
22	圣基茨和尼维斯	驻安提瓜和巴布达使馆
23	圣卢西亚	驻巴巴多斯使馆

四、中国与外国缔结的刑事司法协助条约

我国已加入《海牙送达公约》和《海牙取证公约》，这两项公约均已在我国生效。

《联合国打击跨国有组织犯罪公约》于2000年11月联合国大会审议通过，2003年9月生效。我国政府于2000年12月12日签署，全国人大常委会于2003年8月27日批准，同时指定司法部和公安部为我国中央机关。

《联合国反腐败公约》于2003年10月31日联合国大会通过，2005年12月14日生效。至2009年7月6日，已有136个成员国、140个国家签署。我国政府于2003年12月10日签署。我国人大常委会于2005年10月27日批准。

（一）民事和刑事司法协助条约

序号	条约名称	签署时间	生效时间
1	中国和波兰民事和刑事司法协助协定	1987. 06. 05.	1988. 02. 13.
2	中国和蒙古民事和刑事司法协助条约	1989. 08. 31.	1990. 10. 29.
3	中国和罗马尼亚民事和刑事司法协助条约	1991. 01. 16.	1993. 01. 22.
4	中国和俄罗斯民事和刑事司法协助条约	1992. 06. 19.	1993. 11. 14.
5	中国和土耳其民事、商事和刑事司法协助条约	1992. 09. 28.	1995. 10. 26.
6	中国和乌克兰民事和刑事司法协助条约	1992. 10. 31.	1994. 01. 19

续表

序号	条约名称	签署时间	生效时间
7	中国和古巴民事和刑事司法协助条约	1992. 11. 24.	1994. 03. 26.
8	中国和白俄罗斯民事和刑事司法协助条约	1993. 01. 11.	1994. 11. 29
9	中国和哈萨克斯坦民事和刑事司法协助条约	1993. 01. 14.	1995. 07. 11.
10	中国和埃及民事、商事和刑事司法协助条约	1994. 04. 21.	1995. 05. 31.
11	中国和希腊民事和刑事司法协助条约	1994. 10. 17.	1996. 06. 29.
12	中国和塞浦路斯民事、商事和刑事司法协助条约	1995. 04. 25.	1996. 01. 11.
13	中国和吉尔吉斯斯坦民事和刑事司法协助条约	1996. 07. 04.	1997. 09. 26.
14	中国和塔吉克斯坦民事和刑事司法协助条约	1996. 09. 16.	1998. 09. 02.
15	中国和乌兹别克斯坦民事和刑事司法协助条约	1997. 12. 11.	1998. 08. 29.
16	中国和越南民事和刑事司法协助条约	1998. 10. 19.	1999. 12. 25.
17	中国和老挝民事和刑事司法协助条约	1999. 01. 25.	2001. 12. 15.
18	中国和立陶宛民事和刑事司法协助条约	2000. 03. 20.	2002. 02. 19.
19	中国和朝鲜民事和刑事司法协助条约	2003. 11. 19.	2006. 01. 21.

（二）刑事司法协助条约

序号	条约名称	签署时间	生效时间
1	中国和加拿大刑事司法协助条约	1994. 07. 29.	1995. 07. 01.
2	中国和保加利亚刑事司法协助条约	1995. 04. 07.	1996. 05. 27.
3	中国和韩国刑事司法协助条约	1998. 11. 12.	2000. 03. 24.
4	中国和哥伦比亚刑事司法协助条约	1999. 05. 14.	2004. 05. 27.
5	中国和突尼斯刑事司法协助条约	1999. 11. 30.	2000. 12. 30.
6	中国和美国刑事司法协助协定	2000. 06. 18.	2001. 03. 08.
7	中国和印度尼西亚刑事司法协助条约	2000. 07. 24.	2006. 07. 28.
8	中国和菲律宾刑事司法协助条约	2000. 10. 16.	2001. 04. 28.
9	中国和爱沙尼亚刑事司法协助条约	2002. 06. 12.	2002. 12. 28.
10	中国和南非刑事司法协助条约	2003. 01. 20.	2004. 11. 17.
11	中国和泰国刑事司法协助条约	2003. 06. 21.	2005. 02. 20.
12	中国和拉脱维亚共和国刑事司法协助条约	2004. 04. 15.	2005. 09. 18.
13	中国和巴西刑事司法协助条约	2004. 05. 24.	2007. 10. 26.
14	中国和墨西哥刑事司法协助条约	2005. 01. 24.	2006. 06. 29.
15	中国和秘鲁刑事司法协助条约	2005. 01. 27.	2009. 03. 18.
16	中国和法国刑事司法协助协定	2005. 04. 18.	2007. 09. 20.
17	中国和西班牙刑事司法协助条约	2005. 07. 21.	2007. 04. 15.
18	中国和葡萄牙刑事司法协助协定	2005. 12. 09.	2009. 05. 15.
19	中国和澳大利亚刑事司法协助条约	2006. 04. 03.	2007. 03. 28
20	中国和新西兰刑事司法协助条约	2006. 04. 06.	2008. 01. 01.

续表

序号	条约名称	签署时间	生效时间
21	中国和巴基斯坦关于刑事司法协助的协定	2007. 04. 17.	2008. 08. 29.
22	中国和阿尔及利亚刑事司法协助条约	2006. 11. 06.	2008. 06. 26.
23	中国和日本刑事司法协助条约	2007. 12. 01.	2008. 11. 23.
24	中国和阿联酋刑事司法协助条约	2008. 04. 03.	2008. 12. 27.
25	中国和委内瑞拉刑事司法协助条约	2008. 09. 24.	2009. 04. 24.
26	中国和马耳他刑事司法协助条约	2009. 02. 22.	2009. 12. 26.
27	中国和意大利刑事司法协助条约	2010. 10. 07.	2011. 12. 31.
28	中国和阿根刑事司法协助条约	2012. 06. 25.	2014. 04. 24.
29	中国和波黑刑事司法协助条约	2012. 12. 18.	2014. 06. 27.
30	中国和英国刑事司法协助条约	2013. 12. 02.	2015. 08. 29.
31	中国和比利时刑事司法协助条约	2014. 03. 31.	2015. 08. 29.

（三）引渡条约

序号	条约名称	签署时间	生效时间
1	中国和泰国引渡条约	1993. 08. 26.	1999. 03. 07.
2	中国和白俄罗斯引渡条约	1995. 06. 22.	1998. 05. 07.
3	中国和俄罗斯引渡条约	1995. 06. 26.	1997. 01. 10.
4	中国和保加利亚引渡条约	1996. 05. 20.	1997. 07. 04.
5	中国和罗马尼亚引渡条约	1996. 07. 01.	1999. 1. 16.
6	中国和哈萨克斯坦引渡条约	1996. 07. 05.	1999. 2. 10.
7	中国和蒙古引渡条约	1997. 08. 19.	1999. 1. 10.
8	中国和吉尔吉斯斯坦引渡条约	1998. 04. 27.	2004. 04. 27.

续表

序号	条约名称	签署时间	生效时间
9	中国和乌克兰引渡条约	1998. 12. 10.	2000. 07. 13.
10	中国和柬埔寨引渡条约	1999. 02. 09.	2000. 12. 13.
11	中国和乌兹别克斯坦引渡条约	1999. 11. 08.	2002. 09. 29.
12	中国和韩国引渡条约	2000. 10. 18.	2002. 04. 12.
13	中国和菲律宾引渡条约	2001. 10. 30.	2005. 07. 01.
14	中国和秘鲁引渡条约	2001. 11. 15.	2003. 04. 05.
15	中国和突尼斯引渡条约	2001. 11. 19.	2005. 12. 29.
16	中国和南非引渡条约	2001. 12. 10.	2004. 11. 17.
17	中国和老挝引渡条约	2002. 02. 04.	2003. 08. 13.
18	中国和阿拉伯联合酋长国引渡条约	2002. 05. 13.	2005. 05. 25.
19	中国和立陶宛引渡条约	2002. 06. 17.	2003. 06. 21.
20	中国和莱索托引渡条约	2003. 11. 06.	2005. 10. 30.
21	中国和巴基斯坦引渡条约	2003. 11. 03.	2008. 01. 10
22	中国和巴西引渡条约	2004. 11. 12.	2006. 04. 29.
23	中国和阿塞拜疆引渡条约	2005. 03. 17.	2006. 10. 31.
24	中国和西班牙引渡条约	2005. 11. 14.	2007. 04. 04.
25	中国和纳米比亚引渡条约	2005. 12. 19.	2007. 04. 27.
26	中国和安哥拉引渡条约	2006. 06. 20.	2007. 04. 27.
27	中国和法国引渡条约	2007. 03. 20.	2008. 04. 24.
28	中国和澳大利亚引渡条约	2007. 09. 06.	2008. 04. 24.
29	中国和阿尔及利亚引渡条约	2006. 11. 06.	2008. 06. 26.
30	中国和葡萄牙引渡条约	2007. 01. 31.	2008. 10. 28.
31	中国和墨西哥引渡条约	2008. 07. 11.	2009. 02. 28.

续表

序号	条约名称	签署时间	生效时间
32	中国和印尼引渡条约	2009. 07. 01.	2010. 04. 29.
33	中国和意大利引渡条约	2010. 10. 07.	2011. 12. 31.
34	中国和波黑引渡条约	2012. 12. 20.	2014. 06. 27.
35	中国和阿富汗引渡条约	2013. 09. 27.	2014. 12. 28.
36	中国和伊朗引渡条约	2012. 09. 10.	2014. 12. 28.

（四）被判刑人移管条约

序号	条约名称	签署时间	生效时间
1	中国和乌克兰移管被判刑人条约	2001. 07. 21.	2002. 10. 12.
2	中国和俄罗斯联邦移管被判刑人的条约	2002. 12. 02.	2006. 12. 09.
3	中国和西班牙移管被判刑人的条约	2005. 11. 14.	2007. 04. 04.
4	中国和葡萄牙移管被判刑人条约	2007. 01. 31.	2009. 07. 25.
5	中国和韩国关于移管被判刑人的条约	2008. 05. 27.	2009. 08. 05.
6	中国和澳大利亚关于移管被判刑人的条约	2007. 09. 06.	2009. 04. 24.
7	中国和哈萨克斯坦关于移管被判刑人的条约	2011. 02. 22.	2015. 07. 01.
8	中国和蒙古国关于移管被判刑人的条约	2011. 06. 16.	2014. 06. 27.
9	中国和吉尔吉斯斯坦关于移管被判刑人的条约	2012. 06. 05.	2013. 12. 28.
10	中国和伊朗伊斯兰共和国关于移管被判刑人的条约	2012. 09. 10.	2015. 12. 27.